Kristof Magnusson

Gebrauchsanweisung für Island

Piper München Zürich

Mehr über unsere Autoren und Bücher:
www.piper.de

Mix
Produktgruppe aus vorbildlich bewirtschafteten
Wäldern und anderen kontrollierten Herkünften
www.fsc.org Zert.-Nr. GFA-COC-001223
© 1996 Forest Stewardship Council

ISBN 978-3-492-27588-0
© Piper Verlag GmbH, München 2011
Redaktion: Matthias Teiting, Dresden
Karte: cartomedia, Karlsruhe
Satz: le-tex publishing services GmbH, Leipzig
Druck und Bindung: CPI – Clausen & Bosse, Leck
Printed in Germany

Inhalt

Das unmögliche Land   **9**

»How do you like Iceland?« –
die Isländer und ihre Schwimmbäder   **25**

Vulkane   **49**

Der isländische Traum.
Island und die Krisen   **69**

Natur   **101**

Die Sagas – Geschichten und
Geschichte   **125**

»There is no life outside the city« –
Reykjavík und der Alltag   **163**

Nördlicher Polarkreis   Grimsey

Krossnes

Ísafjördur

Saudárkrókur
                                                    Akureyri
Vatneyri

Bordeyri

Langjökull   Hofsjöku

Borgarnes

Lakagíga
(Laki-Krate

Thingvellir

Reykjavík   Skálholt
Keflavík   Hafnafjördur
        Reykjanes   Hekla
Blaue Lagune   Mýrdalsjökull

                    Eyjafjallajökull   Katl
        Seljavallalaug Fimmvörduháls
    Heimaey
                   Helgafell   Vík
    Westmänner-Inseln
                   Surtsey
Atlantik

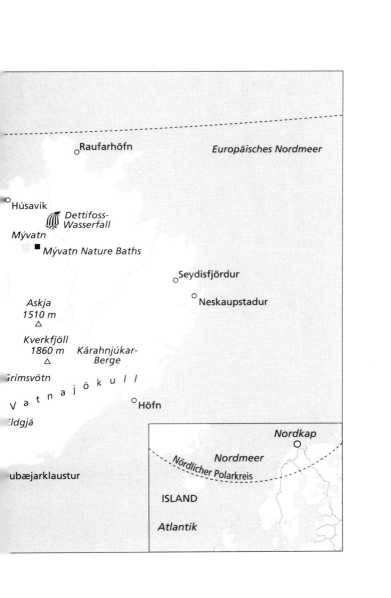

Das unmögliche Land

Vor zwanzig Millionen Jahren sah die Welt bereits so aus, wie wir sie heute kennen. Die Kontinente hatten sich zurechtgeschüttelt, die Ozeane hatten ebenso ihren Platz eingenommen wie die Gebirge – nur dort, wo heute Island ist, war nichts als Meer. Dann brachen einige Tausend Meter unter diesem Meer ein paar Vulkane aus und beruhigten sich erst wieder, als die Lava sich bis über die Wasseroberfläche aufgetürmt hatte. Gleich einer feuerspuckenden Operndiva betrat ein neues Land die Bühne der eigentlich schon fertigen Welt: Island.

Bis heute können die Geologen nicht mit Sicherheit sagen, wie es in diesem erdgeschichtlich späten

Stadium zu einer derartig riesigen Eruption kommen konnte – eigentlich ist Island ein Ding der Unmöglichkeit.

Nicht weniger verwundert es, dass auf dieser Insel seit fast 1200 Jahren Menschen leben. Den Anfang machten einige norwegische Siedler, die sich in offenen Booten auf den Atlantik wagten, zu dieser obskuren Insel segelten und dort Kälte, Dunkelheit und Vulkanausbrüchen trotzten, nur weil sie fern ihrer norwegischen Feudalherren in Freiheit leben wollten. Oder, unpathetischer gesagt, weil sie in Norwegen so viele obrigkeitstreue Bauern erschlagen hatten, dass König Harald Schönhaar ihnen nach dem Leben trachtete. Die daheimgebliebenen Norweger werden diesem Unterfangen jedenfalls keine großen Chancen eingeräumt haben. Diejenigen Siedler, die nicht gleich an Island vorbeisegelten und irgendwo untergingen, hatten nur einen kurzen Sommer Zeit, um Weiden für ihr Vieh zu finden, Häuser zu bauen und Vorräte anzulegen, dann galt es, einen langen Winter zu überleben. Es gab nicht einmal Bäume, die groß genug waren, um Planken zu zimmern und damit die Schiffe zu reparieren, die im Winter verwittert waren. Die Isländer waren im Frühling regelmäßig von der Außenwelt abgeschlossen und mussten darauf hoffen, dass die norwegischen Verwandten sie nicht vergessen hatten und sich mit den dringend

| 10

benötigten Waren auf den Weg zu ihnen machten.
Im Laufe der Jahrhunderte brachte jede Missernte,
jede Pestepidemie oder Viehseuche die Bevölkerung an den Rand der Auslöschung – vor zweihundert Jahren schien es endgültig so weit zu sein: Die
Lakagígar-Spalte platzte auf 25 Kilometern Länge
auf, über 130 Vulkane spuckten Lava, giftige Asche
legte sich über das ganze Land. Mehr als die Hälfte
des Viehs und ein Fünftel der isländischen Bevölkerung (die gerade erst eine Pockenepidemie über-
standen hatte) starben, der Rest wurde so bitterarm,
dass die dänischen Kolonialherren noch Jahre später
überlegten, das Land komplett nach Westjütland zu
evakuieren. Die von manchen Isländern vertretene
Theorie, dieser Ausbruch habe Missernten in Europa und damit die Französische Revolution ausgelöst, sagt wiederum einiges über das Selbstbewusstsein der Isländer, doch davon später mehr.

Island ist also ein Land, das es eigentlich nicht geben
dürfte, besiedelt von einem Volk, das längst hätte
evakuiert werden sollen. Und ein Land der gelebten
Unmöglichkeiten ist Island auch bis heute geblieben.
Die Natur greift so unmittelbar in das Alltagsleben
ein, wie wir Mitteleuropäer es nur selten erleben.
Das fängt bei Sandstürmen an, die den kompletten
Lack vom Auto schmirgeln, und hört bei Vulka-
nen auf, die unterhalb von Gletschern ausbrechen,

Flutwellen katastrophenfilmischen Ausmaßes auslösen, Straßen und Brücken fortreißen und das Gesicht ganzer Landkreise innerhalb weniger Tage völlig verändern.

Auch das Gefühl, dass es zu wenig Leute gibt, um ein komplettes Gemeinwesen am Laufen zu halten, kennen die Isländer bis heute. Das Land muss mit nur 330 000 Menschen alle Funktionen einer arbeitsteiligen Gesellschaft besetzen, vom Geigenbauer über den Kindernephrologen bis zum Fluglotsen. Nebenbei muss es einen kompletten Nationalstaat am Laufen halten, Botschafter nach Japan und China, Beamte zur NATO und UNO schicken, eine Oper, ein Sinfonieorchester und ein Ballett finanzieren und ein dauernd von Unwettern fortgespültes Straßennetz flicken.

»Wie machen die das?« Diese Frage höre ich, seit ich klein bin, immer wieder. Deutsche Freunde und Bekannte haben sie meinem Vater gestellt, und ich erinnere mich genau an die mit Stolz vermischte Ratlosigkeit, mit der mein Vater auf diese Frage reagierte, denn richtig beantworten konnte er sie nicht. Er wusste nicht, *wie die das machen*, was meine kindliche Überzeugung verstärkte, dass Island weniger ein Land, sondern vielmehr ein Wunder sei.

Natürlich war auch ich stolz darauf, dass meine Familie väterlicherseits aus diesem Wunder namens Island stammte. Was sicher an den Gletschern und

Geysiren lag, aber noch mehr daran, dass mein Großvater dort eine – nach der altnordischen Fruchtbar-
keitsgöttin Freyja benannte – Schokoladenfabrik besessen hatte. Und an den Geschichten, die mein Vater
mir erzählte, von Orkanen, gegen die man sich leh-
nen konnte ohne umzufallen, von Seeskorpionen,
die er mit seinen Freunden im Reykjavíker Hafen
fing, oder dem Busausflug, den er mit seinem Vater
1947 zu den Lavaströmen der ausbrechenden Hekla
machte – Geschichten, die sich in meiner Erinnerung mit den Fotos auf der Titelseite des *Morgunblaðið* mischten, das jeden Tag in unserem Hamburger
Briefkasten lag und wenig anderes als Bilder von Vulkanausbrüchen oder Anglern mit besonders großen
Fischen zeigte. Unser Haus in Hamburg war voll
von diesen Islandgeschichten. Sie erzählten sich mir
durch den großen Bildkalender der Reederei *Eim-
skip*, den ein alter Freund meinem Vater jedes Jahr zu
Weihnachten schickte, den scharfkantigen Aschenbe-
cher aus Basaltgestein auf dem Wohnzimmertisch, das
Modell des Icelandair-Flugzeugs auf dem Schreib-
tisch, die mit Wikingerschiffen bedruckten Wand-
teller mit der Aufschrift *landnám 874–1974*, die seit
dem 1100. Jahrestag der Besiedlung fast in jedem isländischen Haushalt zu finden sind. In jedem Zimmer stand, hing oder lag etwas herum, das an Island
erinnerte, vielleicht weil mein Vater schon so lange
in Deutschland war.

Ohnehin war Hamburg in meiner Erinnerung ein ziemlich isländischer Ort. Es gab viele Isländer, die dort bei Fischimporteuren arbeiteten oder an der Uni promovierten. Der Verein der Isländer in Hamburg veranstalte gefühlte vierzig Grillfeste pro Jahr sowie das für das Nationalbewusstsein immens wichtige kollektive Grand-Prix-Kucken. Ein Freund meines Vaters wohnte mit seiner Familie erst bei uns, dann ganz in unserer Nähe, ich spielte mit seinem Sohn und versuchte, mich auf Isländisch zu unterhalten, was mal besser, mal schlechter gelang.

Obwohl, oder vielleicht gerade weil ich in Deutschland geboren war und aufwuchs, habe ich Island als Kind immer für ein einzigartiges Land gehalten, und eigentlich denke ich das auch heute noch: Island ist einzigartig.

Egal, wie oft man nach Island fährt, dieses Gefühl lässt niemals nach. Ich bin inzwischen wohl dreißig Mal dort gewesen, manchmal für ein paar Tage, manchmal für Monate, einmal für mehr als ein Jahr. Und doch erfüllt es mich noch jetzt jedes Mal mit Freude, wenn ich auf dem Leif-Eriksson-Flughafen lande und höre, wie die Stewardess auf Englisch »Willkommen in Island« sagt und dann die Landsleute mit »Willkommen zu Hause« begrüßt. Noch immer fasziniert mich die Fahrt von Keflavík in Richtung Reykjavík auf der in das Gestein gefrästen Landstraße, die durch ein Lavafeld aus bizarren

14

Basaltstrukturen führt. Hier haben die Amerikaner ihre Mondlandefahrzeuge ausprobiert. Kuhlen, Senken, Spalten, Löcher, Kanten, Wülste, ein ständiges Rauf und Runter, dahinter Kieshalden, an den Hängen seltsam mineralisch wirkende Berge, ein Kegelvulkan in der Ferne, irgendwo dampft es aus dem Boden. Das vom Meer in Tausende Teile gebrochene Licht bringt selbst das bröselige Moos zum Leuchten; da ist es also wieder, dieses typisch isländische, durch nichts aufgehaltene Licht, das alle Urlaubsfotos zwangsläufig kitschig erscheinen lässt. Als hätte das isländische Fremdenverkehrsamt den Flughafen hier bauen lassen, um jedem Besucher von Anfang an klarzumachen: Dies ist eine andere Welt.

Fast jedes Land ähnelt einem anderen. Wer sich in Mitteleuropa bewegt, merkt an der Landschaft nicht, wann er die Grenze von Deutschland nach Tschechien oder von Belgien nach Holland überquert hat. Island hat keine Nachbarländer, und auch mit anderen Vulkaninseln, mit Sizilien, Japan oder Hawaii, gibt es keine Ähnlichkeit, nicht nur weil Island so weit im Norden liegt, sondern auch weil es dazu nicht alt genug ist. Island ist das jüngste Land der Erde, das einzige Land, dem man noch beim Entstehen zusehen kann. Jeder Besucher kann miterleben, wie dieser geologische Teenager immer wieder sein Aussehen verändert, sich mit kalbenden Gletschern, abbrechenden Küsten, auftauchenden Inseln, verschwindenden Flüssen und Wasserfällen immer wieder neu stylt und vom Erdbeben bis zur Bankenpleite keinen Unfug auslässt. Auch die exponierte Lage trägt einiges zu der Faszination Islands bei. Island ist einer dieser Felsen, an dem Europa endet, so wie Gibraltar, nur dass hinter Island keine neue Welt beginnt, sondern nur noch Eis kommt. Island ist der Übergang zum Nichts, der ultimative Außenposten – Ultima Thule.

Angesichts dessen wundert es kaum, dass Island derart treue, begeisterte, zum Teil regelrecht fanatische Fans hat. In Island macht man nicht »mal Urlaub«, nach Island fährt man nicht »einfach so«. Island ist ein Land, das der Reisende sich erarbeiten muss – und bei schlechtem Wetter sogar erkämpfen. Er muss sich auf ein wechselhaftes Klima und schwieriges Gelände einstellen, erkunden, wo Schutzhütten liegen und wo im vulkanischen Untergrund möglicherweise ein Zelthering halten könnte, er muss sich mit Tütensuppen eindecken, Rucksäcke imprägnieren und den Körper mit Funktionsunterwäsche voll verschalen. Einige lassen es dabei nicht bewenden und weiten die Vorbereitungen über das Praktische ins Ideelle aus, lesen landeskundliche Werke, glaziologische Fachliteratur, Sagas und Laxness und haben damit die Grenze vom Touristen zum Fan bereits vor Reiseantritt überschritten.

Ein Land, das derart intensive Reisevorbereitungen erfordert, ist bei den Deutschen, die sich ja gern auch im Urlaub etwas Arbeit machen, logischerweise beliebt. Doch das Interesse der Deutschen an Island ist älter als der neuzeitliche Individualtourismus. Schon die Autoren des Mittelalters haben Island als mystischen Ort beschrieben, gleichsam als Ende der Welt, und den Vulkan Hekla als Eingang zur Hölle. Und sie kannten natürlich das Sternbild dort am Nordhimmel, das niemals unterging, den Großen Wagen, den die alten Griechen »Arktos« nannten. Was musste diese »arktische Region« für ein phantastischer Ort sein, wenn sich dort nicht einmal die Sterne an die normalen Gesetze der Natur hielten? Bis heute ist der Norden ein Traumort geblieben. Eine Reise in den Norden ist das Gegenteil von Goethes Italienreise. Es geht nicht um Opulenz, sondern um Reduktion. Island als kalter, klarer, karger Ort, an dem das Innenleben endlich den Raum bekommt, den es in unserem ablenkungsreichen Alltag nicht einnehmen kann.

Jeder Reiseleiter kann Geschichten von Menschen erzählen, die angesichts dieser Landschaft eine Begeisterung packt, die weit über das touristische Normalmaß hinausgeht. Anwältinnen, Techniker, kaufmännische Angestellte, die nach ein paar Tagen in einer menschenleeren Frostschuttwüste im Hochland oder inmitten der riesigen schwarzen Sanderflächen südlich der Gletscher beschließen, ihre Wohnung im Vorort von Paris oder Dortmund zu verkaufen, ihren Job zu kündigen, den Partner zu verlassen und in Island einen aufgegebenen Resthof zu beziehen.

Oft sind dies weit gereiste Menschen, die so viel gesehen haben, dass sie gar nicht mehr damit gerechnet haben, ein unbekanntes Land könne sie derart anrühren. Island beweist ihnen das Gegenteil. Die Weite, die Farben, die Leere, die Luft geben ihnen das Gefühl, die ganze Welt für sich allein zu haben. Viele Menschen im zersiedelten Europa haben den Eindruck, nicht mehr zu sein als eine Nummer unter Millionen. Hier in der Natur fällt diese Beklemmung plötzlich von ihnen ab. Der kärgliche Liebreiz der isländischen Landschaft hat diese Leute mitten ins Herz getroffen.

Bis auf – durchaus vorhandene – Ausnahmen bleiben diese Menschen zu Hause wohnen. Und doch kommen sie immer wieder nach Island zurück, denn sie sind zu dem geworden, was man *Íslandsvinur* nennt. Wörtlich übersetzt heißt das »Islandfreund«, bedeutet aber eher »Islandfan« und bezeichnet die Stammgäste, für die Island zum Hobby und zur Leidenschaft geworden ist. Ein *Íslandsvinur* lernt in seiner Freizeit Isländisch oder kennt alle isländischen Berge mit Namen, ein anderer gibt ein Vermögen für antiquarische isländische Bücher aus, ohne auch nur ein Wort der Sprache zu verstehen,

18

sammelt Minerale oder weiß mehr über Trolle und Islandpferde als die meisten Einheimischen – und manche fahren auch ohne spezielles Wissensgebiet einfach immer wieder hin.

Diese Islandfans sind inzwischen selbst eine Art Sehenswürdigkeit geworden, die Isländer können die berühmtesten von ihnen im Schlaf aufzählen: Von Schriftsteller Jorge Luis Borges über Schachweltmeister Bobby Fischer bis zu Journalisten wie Henryk M. Broder, Künstlern wie Dieter Roth und Popstars wie Nick Cave.

Es ist natürlich nicht nur die Leere, von der die Leute nach Island gezogen werden. Sonst würden sich ja die sibirische Taiga oder die endlosen Maisfelder von Iowa ähnlicher Beliebtheit erfreuen. Zum wahren *Íslandsvinur* wird erst, wer sich auch für die isländische Kultur und Gesellschaft begeistert.

Auch in diesen Bereichen mangelt es nicht an Exotik, zumindest nicht, wenn man etwas genauer hinschaut: Die Reifen an den Geländewagen sind größer, die Pferde sind kleiner, der Sand ist schwarz, die meiste Zeit ist es entweder zu hell oder zu dunkel, und im Kino wird neben Chips und Popcorn auch Trockenfisch als Knabbersnack verkauft. Manchmal erscheint es mir, als hätte David Lynch das isländische Alltagsleben inszeniert: Alles sieht fast so aus, wie wir es kennen, aber eben nur fast, eine Paral-

lelwelt, die nur um wenige Zentimeter gegenüber
der unseren verschoben ist, gerade so weit, dass alles
Gewohnte verschwimmt.

Die Isländer sind Meister darin, europäische und
nordamerikanische Einflüsse aufzunehmen und mit
insularem Eigenwillen umzuprägen: Das fängt schon
im Flugzeug an. Icelandair ist eine ganz normale
Fluggesellschaft, die mit ganz normalen Boeings zu
ganz normalen Orten fliegt. Es gibt Cola, Tomaten-
saft und Kaffee. Nur, dass auf den Kaffeebechern verschiedene isländische Wörter stehen. Das Logo von
Icelandair findet sich auf diesen Bechern nicht, die
Sprache fungiert als Marke. Und die Businessclass
ist bei dieser Fluggesellschaft übrigens nach den berühmten mittelalterlichen Handschriften benannt,
sie heißt: *Saga Class*.

Dass die isländische Kultur der unseren nicht völlig fremd ist, lässt das Land nicht weniger exotisch
erscheinen. Die Tatsache, dass in dieser schroffen,
wilden Welt Menschen wie wir leben, die mit ihren
Kindern ins Weihnachtsmärchen gehen, nächtelange
Tarifverhandlungen führen und sich mit Konfirmati-
onsfeiern und Sorgerechtsprozessen herumschlagen,
scheint die Begeisterung im Ausland eher noch zu
beflügeln. Island ist der Beweis dafür, dass ein natur-
nahes Leben und westlicher Lebensstandard miteinander vereinbar sind. Der Beweis dafür, dass auch

| 20

hoch entwickelte Zivilisationen exotisch sein können. Ein Land mit gutem Bildungssystem, phantastischer Geburtenrate, vorbildlicher Kinderbetreuung, einer vollwertigen Ehe für Homopaare und sauberer Energie.

Hierzu gesellt sich eine fast endlose Liste von *fun facts*: In Islandkrimis passieren mehr Morde als im wirklichen Leben, die Sprache hat sich in den letzten siebenhundert Jahren so wenig verändert, dass man noch heute die alten Sagas lesen kann, alle duzen den Präsidenten, die Lebenserwartung ist so hoch wie sonst nur in Japan. Fakten, die immer wieder für eine Nachricht auf der *Vermischtes*-Seite der Tageszeitung gut sind. Hinzu kommen die Treckingreportagen im Reiseteil, Berichte von Lawinen, Gletscherläufen und Schachweltmeisterschaften, aber auch echte Top News wie von dem Gipfeltreffen Reagan-Gorbatschow, der Finanzkrise oder der Aschewolke.

Landet etwa Mannheim bei vergleichbarer Bevölkerungszahl so oft in den internationalen Schlagzeilen? Fragen wie diese sind der isländische Nationalsport Nummer eins: der Pro-Kopf-Vergleich. Das ganze Volk scheint dem Wahn verfallen zu sein, jedes Phänomen proportional zur Bevölkerung betrachten zu müssen, was natürlich, so man denn Einzelfälle herausgreift, zu beeindruckenden Resultaten führt. In der ersten Hälfte des zwanzigsten Jahrhunderts war Island das Land mit der niedrigsten Nobelpreisträgerdichte der Welt, nämlich: null. Mit dem Literaturnobelpreis an Halldór Laxness 1955 änderte sich das schlagartig. Nun hatte das Land die höchste Nobelpreisträgerdichte der Welt. Auch die Anzahl der Schachgroßmeister, verlegten Bücher, Internetanschlüsse und Schwimmbäder lässt sich ähnlich öffentlichkeitswirksam hochrechnen und zu Sätzen formen wie: »Es gibt zwölf isländische Schachgroßmeister. Im Vergleich dazu müssten die USA zwölftausend haben.«

Wenn sie von ihrem Land erzählen, kombinieren die Isländer geschickt diese Zahlenspiele mit der Romantik eines entbehrungsreichen Lebens und den netten Seiten einer skandinavischen Kinderbuchidylle. Island wird zu einer Art Bullerbü ohne Bäume, das in der ZDF-Weihnachtsserie *Nonni und Manni* und den ihr zugrunde liegenden Büchern Hunderttausende deutsche Kinder fasziniert hat.

So formen neben der Natur auch Kultur und Gesellschaft den Mythos Island. Alle Reiseleiter und smalltalkenden Taxifahrer tragen mit ihrem Erzähltalent zu diesem Phänomen bei, aber auch viele normale Isländer, die sich – natürlich in ausgezeichnetem Englisch – zu Hause oder auf Reisen mit Nichtisländern über ihr Land unterhalten. Alle diese Anekdoten und Fakten haben ein erzähltes Island geschaffen, ein Island der Geschichten, das wesentlich größer ist als die eigentliche Fläche der Insel.

In den 25 Jahren, seit ich begonnen habe, über Island nachzudenken, hat sich vieles verändert. In der Grundschule wurde ich noch gefragt, ob meine isländischen Verwandten in Iglus wohnten, und die meisten Deutschen wussten nicht, dass Isländisch überhaupt eine Sprache ist. Es war die Zeit vor Björks Auftritt bei der Eröffnungsfeier der Olympischen Spiele von Athen, die Zeit, bevor Sigur Rós in den USA in ausverkauften Hallen spielte und die Island-Krimis von Arnaldur Indriðason Millionenauflagen erreichten; die Zeit, bevor die *Kaupthing*-Pleite gezeigt hat, dass die geringe Einwohnerzahl die Statistiken nicht nur bei Nobelpreisen ausschlagen lässt – auch negative Ereignisse wie die Staatsverschuldung nehmen schnell verheerende Ausmaße an. Mit seiner kleinen, gut vernetzten und risikofreudigen Bevölkerung gleicht Island einem Versuchsmodell, in dem Ideen aus der großen Welt schnell umgesetzt werden können und ebenso schnell Resultate zeigen. Nicht nur das Land kann sich durch Vulkanausbrüche und Gletscherläufe von heute auf morgen verändern. Auch die Gesellschaft und Wirtschaftsordnung sind noch im Werden, und das zu beobachten, ist ebenso faszinierend wie eine Wanderung auf wenige Jahrzehnte alter Lava. Die einzige Grundkonstante des isländischen Landes und Lebens ist die Veränderung.

In den letzten Jahren scheint es nur noch zwei Gruppen von Deutschen zu geben: die, die schon einmal in Island gewesen sind, und die, die unbedingt einmal hinwollen. Ich muss zugeben, dass es inzwischen sogar Leute gibt, die »mal in Island Urlaub machen«. Längst nicht mehr alle Islandreisenden müssen sich an der Flughafen-Sicherheitskontrolle aus ihren Bergstiefeln mühen, manche fahren völlig unvorbereitet für ein verlängertes Wochenende nach Reykjavík. Einfach so. Denken sie zumindest. Doch in jedem Flugzeug, in jedem Bus zur *Blauen Lagune* sitzen einige, die wiederkommen werden. Immer wieder. Immer länger.

Ganz gleich, ob Sie schon ein *Íslandsvinur* sind oder vor derartigen Schwärmereien gefeit sind; ganz gleich, ob Sie dieses Buch aus allgemeinem Interesse zur Hand genommen haben, es Teil einer ausführlichen Reisevorbereitung ist oder ob Ihnen zwei Tage vor dem Kurztrip einfiel, dass Sie noch keinen Reiseführer haben und es dieses Buch war, das die Buchhandlung vorrätig hatte: Ich möchte nun versuchen, Ihnen meine zweite Heimat nahezubringen, mit dem halb fremden, aber dadurch nicht weniger begeisterten Blick eines Deutschisländers.

»How do you like Iceland?« – die Isländer und ihre Schwimmbäder

Jede Islandreise sollte in einem Schwimmbad beginnen. Schwimmbäder sind für Isländer das, was für die Iren Pubs sind: die einzige Sehenswürdigkeit, die gleichzeitig integraler Bestandteil des Alltagslebens ist.

Abgesehen davon ist der Schwimmbadbesuch – im Gegensatz zum Fischen, Wandern oder Reiten – eine der wenigen touristischen Aktivitäten, die umso mehr Spaß machen, je schlechter das Wetter ist. In Island gibt es fast ausschließlich Freibäder, und an einem dunklen Winterabend draußen im heißen Wasser zu sitzen, während einem Schnee auf den Kopf fällt und sich Eisklumpen im Haar bilden, ist das beste Islanderlebnis überhaupt. Ganz nebenbei befindet man sich, auch wenn es bei all der angenehmen Wärme kaum auffällt, im Schwimmbad an einem Ort von großer kultureller und historischer Bedeutung.

Nur wenige Dörfer haben eine Dorfkneipe, ein Schwimmbad gibt es überall. Zur Basisausstattung gehören ein 25-Meter-Becken mit ein paar Bahnen und ein Dampfbad, das dem Architekten besondere gestalterische Selbstverwirklichung ermöglicht: Hier gibt es nichts, was es nicht gibt, von abstrakten Objekten aus Glasbausteinen und Waschbeton bis zu verwunschenen Felsgrotten und quietschgelben Plastikkabuffs. Der dritte Teil der Basisausstattung ist das, was die isländische Badekultur so besonders macht: ein *heitur pottur*. Ein solcher *heißer Topf* ist ein meist rundes Becken aus Beton, das gerade so tief ist, dass acht bis zwölf Leute in ungefähr vierzig Grad heißem Wasser darin sitzen können. Wenn dieses Wasser direkt aus Bohrlöchern oder Thermalgebieten in die Schwimmbäder geleitet wird, kann es sehr nach Schwefel riechen, doch in immer mehr Schwimmbädern ist es heutzutage ganz normales, im Wärmetauschverfahren erhitztes Quell- oder Meerwasser.

Die Geschichte dieser *heißen Töpfe* lässt sich bis in die Sagazeit zurückverfolgen. Wenngleich sich viele der ersten Siedler vor den natürlichen heißen Quellen fürchteten, gab es doch einige Mutige, die sie nutzten: In den alten Handschriften sind ein Dutzend Badestellen erwähnt, in denen Sagahelden mit ihren Gefährten zu Rat saßen oder sich einfach nur wärmten.

Seitdem begleiten heiße Quellen die Isländer durch ihre Geschichte, bis hin zum heutigen olympiatauglichen Sportkomplex, wo sich Gäste auf Monitoren über den Chlorgehalt und ph-Wert des Wassers informieren können.

Das berühmteste Bad aus der Sagazeit existiert auch heute noch. Es handelt sich dabei um ein mit dampfendem Wasser gefülltes Loch, das aussieht wie ein etwas zu groß geratener abgesoffener Brunnen. Es ist mit Lavasteinen ausgekleidet, auf die sich im Laufe der Zeit mineralische Ablagerungen gelegt haben, befindet sich in West-Island auf dem Hof Reykholt und steht auf der Liste des UNESCO-Weltkulturerbes.

Gebaut wurde es von Snorri Sturluson, einem Autor und Staatsmann, der in der ersten Hälfte des dreizehnten Jahrhunderts auf Reykholt lebte. Wahrscheinlich hätten ihn schon seine politischen Aktivitäten, gerade aufgrund ihres zweifelhaften Erfolges, zu einer der bekanntesten Persönlichkeiten der isländischen Geschichte gemacht, zu Weltruhm gelangte

Snorri jedoch durch seine Bücher. Seine *Heimskringla* über die norwegischen Könige ist für die Geschichtsschreibung von unschätzbarem Wert und in einer derart ordnenden, klarsichtigen Weise verfasst, dass Snorri als einer der ersten Menschen seit den alten Römern gilt, der die Bezeichnung Historiker verdient hat. Noch heute pilgern vor allem norwegische Touristen nach Reykholt, um den Ort zu sehen, an dem dieses Buch entstand.

Noch bedeutender ist die *Edda des Snorri Sturluson,* die bis heute von Studenten auf der ganzen Welt gelesen wird und das ungewöhnlichste Werk der Weltliteratur darstellt. Es handelt sich um eine Mischung aus Mythensammlung und »Creative-writing«-Fibel. Snorris Zeit war von großen kulturellen Umwälzungen geprägt, denn eine technische Innovation drohte eine über Jahrhunderte gewachsene Kulturtechnik auszulöschen und alles der Verflachung und Banalisierung preiszugeben: das Buch.

Die jungen Leute fingen an, die Geschichten und Gedichte, die ihre Vorfahren mühsam auswendig gelernt hatten, einfach aufzuschreiben. In besonders großer Gefahr befand sich die Skaldendichtung, eine typisch nordische, hochkomplexe Form der Lyrik. Skaldendichtung arbeitet mit Umschreibungen. Der Skalde begnügt sich nicht damit, *Blut* zu sagen, er sagt stattdessen: *Bier der Raben.* Ähnlich wie Akkorde oder Jazzstandards in der Musik musste der

Skalde Hunderte dieser Umschreibungen auswendig lernen.

Und damit die schönsten Umschreibungen der besten Skalden nicht mit dem Niedergang der mündlichen Überlieferung verloren gingen, sammelte Snorri in seiner Edda unter der Überschrift *Sprache der Dichtkunst* viele dieser Metaphern zu einer Art »How to write a damn good Skaldenstrophe«. Er weist darauf hin, dass man den Himmel sowohl mit *Schädel des Riesen* oder *Bürde der Zwerge* umschreiben kann als auch mit *Land der Sonne* oder *Haus von Luft,* und bringt immer wieder Beispiele, wie damals bekannte Skalden wie etwa Totschläger-Glum, Eyvind Skaldenverderber oder Einar Schalenklang mit diesen Metaphern umgingen – und erschließt uns Spätgeborenen so eine eigentlich untergegangene Dichtkunst.

Und die *Edda des Snorri Sturluson* ist noch mehr. Snorri beschränkte sich nicht darauf, den angehenden Skalden zu beschreiben, *wie* man dichten sollte, auch das *Worüber* war ihm einen eigenen Teil seiner Edda wert: In *Gylfis Täuschung* schreibt er ausführlich über die Geschichte der nordischen Götterwelt, erzählt von der Weltesche Yggdrasil, dem Weltuntergang Ragnarök, von Walhall und Wotan:

Die Besiedlung durch die Götter war noch in den Anfängen, als sie Midgard und Walhall errichtet hatten. Damals kam ein Baumeister

*zu ihnen und erbot sich, ihnen in drei Jahren
eine so gute Burg zu erbauen, dass sie verlässlich und sicher sei vor den Berg- und Reifrie-
sen, selbst wenn diese nach Midgard herein-
brächen. Aber als Lohn forderte er, dass ihm
Freyja gehören sollte, und er wollte Sonne und
Mond haben.*
(Übersetzung: Arnulf Krause)

Besagte Freyja ist übrigens wieder die Fruchtbar-
keitsgöttin, nach der mein Großvater seine Schokoladenfabrik benannte. Davon, dass sie Bestandteil der
Tarifverhandlungen mit einem dubiosen Bauunternehmer geworden war, wusste sie natürlich nichts.
Die unschönen Folgen dieser göttlichen Heimlich-
tuerei lassen sich im *Ring des Nibelungen* mitverfolgen, für den die *Edda des Snorri Sturluson* eine von
Richard Wagners wichtigsten Quellen war.

Auch in der Politik war Snorris Einfluss enorm. Auf
dem Allthing, wo sich die isländischen Anführer jeden Sommer trafen, um Rechsstreite zu verhandeln
und Gesetze zu beschließen, fungierte er als Gesetzessprecher, trug also jedes Jahr ungefähr ein Drittel
der damals erst teilweise schriftlich fixierten Gesetze
laut vor. Diese Tätigkeit war das einzige offizielle
Amt des isländischen Freistaats. Sie machte Snorri
zu einem mächtigen Mann und seinen Hof Reyk-

holt zu einem politischen Zentrum. Dem heißen
Bad, für das Snorri extra Wasser aus einem Fluss
umleiten ließ, kam dabei eine wichtige Bedeutung
zu. Die grasbewachsenen Torfhöfe der damaligen
Zeit waren eng und dunkel, schlecht zu heizen und
noch schlechter zu lüften. Was für eine Demonstra-
tion von Reichtum und Macht muss es unter diesen Bedingungen gewesen sein, dass Snorri über ein
heißes Bad verfügte, in dem er sich mit bis zu zehn
Verhandlungspartnern – wenn schon nicht an einen
runden Tisch –, so zumindest in ein relativ rundes
Loch setzen konnte!

Sowohl die *Sturlungen-Saga* als auch das *Land-
námabók*, das von der Besiedlung Islands erzählt, erwähnen ein Bad an ebendieser Stelle. Auch wenn das
heutige Bad eine Rekonstruktion ist und als solche
sicherlich davon geprägt, wie unsere Phantasie sich
diese archaischen Zeiten ausmalt, so handelt es sich
doch um einen der wenigen Orte, an denen in Island Spuren aus dem Mittelalter zu finden sind: ein
unterirdischer Gang und Überreste eines mit Ton
und Steinen ausgekleideten Leitungssystems, mit dem
wahrscheinlich heißer Dampf in den etwas weiter
westlich stehenden Hof geleitet wurde, der dadurch
eine Art Fußbodenheizung bekam. So werden in
Reykholt gleich zwei der wichtigsten Einflussfakto-
ren auf die isländische Geschichte erfahrbar: Literatur
und das große Potenzial der Erdwärme, das Snorri

Sturluson erkannt hatte, dieser badende Staatsmann und Skalde.

Für Snorri nahm seine Spa-Diplomatie allerdings kein gutes Ende. Im Laufe seines Lebens entbrannten zwischen den mächtigsten isländischen Familien immer blutigere Fehden, in die sich auch der von Haus aus wenig kriegerische Snorri mit einigen glücklosen Intrigen verstrickte.

Schließlich mischte sich, nicht ohne Snorris Zutun, der norwegische König Håkon in die isländischen Angelegenheiten ein. Als Håkon 1240 fast durch eine Rebellion gestürzt wurde, sah er in Snorri einen der Drahtzieher und brachte dessen eigenen Schwiegersohn dazu, mit seinen Männern nach Reykholt zu reiten und Snorri zu erschlagen.

Als ob das nicht schon unrühmlich genug gewesen wäre, sorgte wenig später auch die Geschichtsschreibung, Snorris ureigenstes Metier, dafür, seinen Ruf noch weiter zu besudeln: Die *Sturlungen-Saga* berichtet davon, dass Snorri sich in den Keller seines Hofes verkrümelte und mit den bis heute bekannten Worten »bitte nicht zuhauen« um Gnade flehte. So wurde der mächtige Snorri Sturluson zu einer der unritterlichsten Figuren der isländischen Geschichte. Bald darauf war der isländische Freistaat am Ende, und das Land wurde erst eine norwegische, dann eine dänische Kolonie. Bäder wie Snorri es in Reykholt besaß, wurden keine mehr gebaut.

Erst Anfang des zwanzigsten Jahrhunderts gewann Island langsam seine Souveränität zurück. 1905 kreuzte der erste moderne Trawler in den isländischen Gewässern und leitete die Ära des industrialisierten Fischfangs ein. Plötzlich kam Geld ins Land, das die Isländer dazu nutzen, nicht nur Straßen zu bauen, sondern auch Schwimmbäder. Die ersten Jahrzehnte des zwanzigsten Jahrhunderts brachten geradezu einen Bäderboom. In den 1920er-Jahren verabschiedete das Parlament ein Gesetz, das Schwimmunterricht in den Schulen zum Pflichtfach machte; Lehrer konnten ein Stipendium bekommen, wenn sie Seemännern das Schwimmen beibrachten und damit Islands Entwicklung zur selbstbewussten, modernen Fischereination beförderten.

Doch der Hauptgrund dafür, dass selbst kleine Gemeinden nun alles daransetzten, ein Schwimmbad zu bauen, war ein anderer: Schwimmbäder bereicherten das kulturelle Leben. Auf einmal gab es immer etwas zu unternehmen, sogar bei schlechtem Wetter und im Winter! Schnell nahmen die Schwimmbäder eine zentrale Stellung im Gesellschaftsleben ein, hierher kamen die Kinder, die Alten, die Familien.

Es entwickelte sich ein regelrechter Wettstreit unter den Gemeinden. Alle wollten mit einem Schwimmbad ihre Fortschrittlichkeit zeigen und ganz nebenbei beweisen, dass sie die damals ebenfalls neue Kunst des Betonierens beherrschten.

Als besonders ehrgeizig erwies sich hierbei der *Verein der Jungen Männer Eyfelling* aus Südisland, dessen Mitglieder sich 1923 vornahmen, mitten in der Einöde das erste 25-Meter-Becken des Landes zu bauen, nur weil sich dort eine heiße Quelle befand. Heute ist das *Seljavalla-Bad* einer der surrealsten Orte Islands. Um ihn zu erreichen, biegt man von der asphaltierten Ringstraße auf eine Schotterpiste mit der Nummer 242 ab, die wie so viele isländische Straßen ins Nirgendwo zu führen scheint, parkt in der Nähe des neuen Schwimmbades und wandert dann auf einem Pfad eine halbe Stunde in Richtung der grünen Berge, über die das Schmelzwasser des Eyjafjallajökull in dünnen Wasserfällen Richtung Meer stürzt. Gerade wenn man sich mitten in der Wildnis wähnt, taucht ein Betonquader auf, dessen weiße Farbe schon fast abgeblättert ist. Eine Umkleidekabine im Nirgendwo. Davor erscheint eine spiegelglatte Fläche dampfenden Wassers, die direkt aus einem der Berge zu fließen scheint: Um Kosten und Mühen zu sparen, hatte der *Verein der Jungen Männer* das *Seljavallalaug* so nah an den nackten Felsen gebaut, dass nur an drei Seiten Beton gegossen werden musste.

Das *Seljavallalaug* war das Erste einer ganzen Reihe von Schwimmbädern im Nirgendwo, einsame Zeugnisse menschlicher Zivilisation, die so wenig in ihre Umgebung passen wie Marienaltäre auf Alpenpässe;

mitten in die Natur gebaute menschliche Außenposten. Ein weiteres Beispiel ist das wunderbare Schwimmbad von Krossnes in den Westfjorden direkt am Meer: Hier wurde der *Verein der Jungen Männer »Leif der Glückliche«* in den Fünfzigerjahren betonierend tätig und schuf einen entrückten Ort, an dem man mitten in der Einsamkeit im warmen Wasser sitzen und auf den Nordatlantik hinausschauen kann.

Heute hat fast jede Gemeinde ihr Schwimmbad, und natürlich gibt es auch hierzu einen passenden Pro-Kopf-Rekord: Jeder Reykjavíker besucht im Durchschnitt fünfzehn Mal pro Jahr die städtischen Bäder. Und das, obwohl viele Familien inzwischen ihren eigenen *heißen Topf* auf der Veranda haben, was den Vorteil hat, dass dort nicht, wie in allen öffentlichen Schwimmbädern, jegliche Form von Alkohol verboten ist.

Auch kulturelle Großereignisse hinterlassen in den Schwimmbädern ihre Spuren. Im *Vesturbæjarlaug*, das aufgrund seiner Nähe zur Uni und dem Reykjavíker Stadtzentrum das Künstler- und Intellektuellenschwimmbad ist, habe ich am Vortag der Gaypride-Parade einmal mit den aus San Francisco eingeflogenen Drag-Queens im heißen Wasser gesessen. Ohne jedes Make-up sprachen sie mit tiefen Stimmen den morgigen Auftritt durch: »Okay, dann mache ich erst *Sing Halleluja*, dann machst du deine Beyoncé-Parodie.«

Und wenn im Oktober das Festival *Iceland Airwaves* stattfindet, das haufenweise Popfans aus aller Welt nach Reykjavík zieht, die darauf hoffen, in einem kleinen Club die nächste Björk zu entdecken, erkennt man die Hipster auch im heißen Topf daran, dass sie um ihre Handgelenke neonfarbene Plastikbänder tragen, mit denen man das ganze Wochenende Einlass in alle Clubs bekommt.

Ich bin überzeugt davon, dass sich jede Kultur für die Dinge, die ihr besonders wichtig sind, besonders viele Regeln und Etikettevorschriften ausdenkt. Bei den Amerikanern ist es der Smalltalk, bei den Italienern die Kleidung, bei den Schweizern sind es Müllentsorgung und Diskretion, bei den Russen ist es der Saunabesuch und in Deutschland vielleicht das Reinheitsgebot für Bier oder wahrscheinlich vielmehr das Befolgen von Regeln an und für sich.

Die Isländer kommen normalerweise mit wenigen Regeln aus. Schon der Versuch, eine ordentliche Warteschlange zu bilden, endet oft in heillosem Durcheinander. Besondere Freiheit genießen hierbei die Kinder, denen eine geradezu überirdische Geduld und Toleranz entgegengebracht wird – eine Tatsache, die es isländischen Familien nicht immer einfach macht, sich in Deutschland einzugewöhnen. Als ich neun war, sind wir einmal mit unseren isländischen Freunden Sigurjón Norberg und Aðalb-

jörg und deren Kindern in einer deutschen Hotel-
anlage im Urlaub gewesen. In den Fahrstühlen hing
das Schild: »Unbegleiteten Kindern unter 16 Jahren
ist die Benutzung des Fahrstuhls untersagt.« Da ich
wesentlich mehr Deutscher als Isländer bin, lief ich
mehrmals täglich die Treppen bis in unser Zimmer
im achten Stock hinauf. Meinen Freund Guðmundur Fertram, der zwei Jahre älter war als ich, inte-
ressierte das überhaupt nicht. Er benutzte selbstverständlich den Lift. Nach einigen Tagen traute ich
mich, mit ihm zu fahren, und wir wurden prompt
von einem deutschen Gast dafür ausgeschimpft. Für
die Isländer ist es so sehr ein Ding der Unmöglichkeit, fremde Kinder zurechtzuweisen, dass sich
Guðmundur Fertrams Vater fast mit dem nörgeln-
den Deutschen geprügelt hätte, nachdem wir ihm
davon erzählten.

Auch an Drängelei oder bäuerlichen Tischmanie-
ren nehmen die Isländer nur selten Anstoß. Vielleicht
ist das eine Folge der jahrhundertelangen Isolation
fern von höfischer oder großbürgerlicher Raffinesse;
wahrscheinlich ist es in einem kleinen Land auch
einfach nicht nötig, so viele Regeln zu formulieren.
Erstens spricht sich auch so herum, was man besser
nicht tun sollte, zweitens gibt es genug Platz, einander auszuweichen.

Hier unterscheiden sich die Isländer durchaus von
anderen skandinavischen Ländern. Eine schwedi-

sche Literaturagentin sagte mir einmal: »Die Isländer sind die Mexikaner von Skandinavien.« Und meinte damit ungefähr das, was die Isländer mit folgendem Witz ausdrücken:

> *Ein Isländer geht in Schweden zur*
> *Polizei und sagt: »Jemand hat mein Auto*
> *gestohlen.«*
> *Sagt der Polizist: »Nein, das haben wir*
> *abgeschleppt.«*
> *»Aber da stand nirgendwo ein Schild:*
> *Parken verboten«, wendet der Isländer ein, wor-*
> *aufhin der schwedische Polizist sagt:*
> *»Es stand aber auch kein Schild da:*
> *Parken erlaubt.«*

Umso interessanter ist es, dass beim Schwimmbadbesuch alle möglichen Regeln und Höflichkeitsgebote gelten, die – und das ist das eigentlich Unglaubliche daran – jeder Isländer befolgt. Daher möchte ich auch jedem Reisenden ans Herz legen, sich an sie zu halten.

Beginnen wir ganz vorn. Sie lösen eine Eintrittskarte, die günstiger ist als eine Straßenbahnfahrt in Deutschland. Hier können Sie noch nichts falsch machen, im Gegenteil, wenn Sie Ihre Schwimmbekleidung vergessen haben sollten, können Sie in den meisten Schwimmbädern welche leihen.

Vor den Umkleidekabinen wird ein Regal sein, auf dem Anzugschuhe, neueste Markenturnschuhe und Gummistiefel bunt durcheinanderstehen. Ich lasse meine Schuhe immer hier, es ist aber auch erlaubt, sie in den Schrank einzuschließen. Zu diesem Zweck sind neben dem Regal Plastiktütchen zu finden, denn die Schuhe sollen im Winter den Schrank nicht mit Rollsplitt und Schneematsch verschmutzen. Egal, wie Sie sich entscheiden, ziehen Sie auf jeden Fall hier die Schuhe aus. Hinter diesem Punkt beginnt der Barfußbereich, der einzige Ort, an dem ich in Island jemals von einem wildfremden Menschen zurechtgewiesen wurde. Ich war gedankenverloren hineingetappt. Mit Schuhen. Hätte ich im Bus die Füße hochgelegt oder am Wochenende abends auf die Straße gepinkelt, hätte niemand etwas gesagt. Aber nun kam ein junger Mann und sagte auf eine sehr isländische Weise gleichzeitig direkt und doch zurückhaltend: »Zieht man die Schuhe nicht eigentlich draußen aus?«

Setzen Sie nun Ihre ersten bestrumpften Schritte in den Umkleidebereich, suchen Sie sich einen Schrank und ziehen Sie sich aus. Auf dem Weg zur Dusche werden Sie in manchen Bädern ein Verbotsschild sehen, mit dem die Isländer gleich noch einmal ihrem Ruf als technikverliebtes Volk gerecht werden: »Handynutzung verboten. Die Benutzung von Kamera-Handys wird zur Anzeige gebracht.«

In der Dusche fällt ein Schaubild ins Auge, das den Umriss eines androgynen Menschen zeigt, dessen Kopfregion, Achselhöhlen, Genitalbereich und Füße signalrot schraffiert sind. Darunter steht auf Englisch, Dänisch, Deutsch, Französisch und, pro forma, auch auf Isländisch der Hinweis: »Waschen Sie sich gründlich mit Seife und ohne Badebekleidung.« Zu diesem Zweck gibt es große Seifenspender, nur wenige Isländer bringen sich Duschgel oder Shampoo mit.

Auch der umgekehrte Weg aus dem Schwimmbad heraus folgt festen Regeln: Zwischen den Duschen und Umkleidekabinen gibt es einen Bereich, in dem ein paar Föns an die Wand geschraubt sind, die man hinauf- und herunterschieben kann. Ungelenkige und/oder ältere Menschen fönen hier ihren ganzen Körper. In manchen Schwimmbädern wird das Trocken-Equipment immer umfangreicher, es gibt auf Kniehöhe montierte Spezialföns für die Füße und neuerdings sogar Zentrifugen zum Trockenschleudern der Badebekleidung. Sie dürfen sich auch normal abtrocknen, solange Sie – und das ist wichtig – dieses Fönfoyer im trockenen Zustand verlassen, damit im Umkleidebereich niemand nasse Strümpfe bekommt. Wenn Sie jetzt nach dem Ankleiden noch daran denken, Ihre Schuhe erst draußen vor dem Eingang zum Umkleidebereich wieder anzuziehen, ist der affrontfreie Schwimmbadbesuch gelungen.

Wie eine Landschaft zu jeder Uhrzeit ihren ganz besonderen Reiz hat, so verändern sich auch Schwimmbäder im Laufe des Tages. Im Folgenden möchte ich einen typischen Januartag im *Laugardalslaug* beschreiben, dem größten Schwimmbad des Landes:

6:27 Uhr
Einige Minuten bevor sich die Schiebetür zum Eingangsbereich öffnet, stehen bereits die ersten Gäste davor. Manche sind noch verschlafen, andere nutzen die Wartezeit für erste Dehnübungen. Viele von ihnen könnten sich nicht vorstellen, einen Tag ohne Schwimmbadbesuch zu beginnen.

Auch heute wird einer von ihnen der Erste sein, der durch den frisch gefallenen Schnee geht, in das dampfende, stille 50-Meter-Becken eintaucht und durch das hellblau leuchtende Wasser und die Dunkelheit auf die rote Leuchtanzeige zuschwimmt, die im Wechsel Uhrzeit, Datum und eine Außentemperatur anzeigt, vor der um diese Zeit meist ein Minus steht.

8:30 Uhr
Langsam trudeln die Rentnerinnen und Rentner ein, bei denen nicht der Sport, sondern das gesellige Beisammensein im Mittelpunkt steht. Schon in der Umkleidekabine treffen sich die ersten Bekannten und begrüßen sich mit » *Takk fyrir síðast* «. Wört-

lich übersetzt bedeutet das: »Danke für das letzte Mal« und bezieht sich auf das letzte Zusammentreffen, egal, ob es sich dabei um eine Einladung zum Abendessen oder eine flüchtige Begegnung auf der Straße gehandelt hat. Spätestens, wenn man nackt in die Dusche geht, ist das Konversationsthema Wetter abgehakt und man redet über die Familie und gemeinsame Bekannte:

»Tja, Sæmundur, mein Guter, nun haben sie letzte Woche die Helga beerdigt.«

»Ist das die Schwester von Guðrún?«

»Ja. Da waren mehr als dreihundert Leute.«

Oder:

»Jóhannes hat sich ein neues Auto gekauft.«

»Und? Wieder einen Toyota?«

Oder:

»Ich habe Atli gestern an der Tankstelle getroffen, weißt du, den Mann von Kolbrún.«

»Und was sagt der so?«

»Die sind gerade aus Spanien zurück.«

9:45 Uhr

Nun zeigt sich, wie ernst das Pflichtfach Schwimmen bis heute genommen wird. Schreiende Drittklässler stürmen die Duschen. Vor einigen Jahren hat noch ein Bademeister den Kleineren die richtige Wassertemperatur einstellen müssen, jetzt gibt es neue, auch von Kindern bedienbare Armaturen.

Um diese Uhrzeit haben sich auch die heißen Töpfe gefüllt. Es sind nun nicht mehr nur Rentner, die in den 38, 40, 42 und 44 Grad heißen Becken sitzen, sondern auch jüngere Leute und Touristen.

Generell ist an dem Vorurteil, dass die Isländer wortkarg seien, etwas dran. Wenngleich Isländer unter Freunden – oder unter Alkoholeinfluss – durchaus nicht wenig reden, enden Gespräche mit Fremden nicht selten rasch im Nirgendwo. Eine Ausnahme ist das Schwimmbad. Hier haben Touristen die Chance, mit den Einheimischen in ein Gespräch zu kommen, das nach einem kurzen »Where are you from?« meist mit dem Satz »How do you like Iceland?« seinen Lauf nimmt. Abgesehen von aller Smalltalk-Höflichkeit, steckt hinter diesem Satz ein ernsthaftes Interesse, etwas von der Begeisterung des Besuchers zu hören, da die Isländer natürlich auch im Schwimmbad ihren Nationalstolz nicht ablegen.

Von dem besten Poolgespräch berichtet Vigdís Finnbogadóttir, die 1980 die weltweit erste weibliche Staatspräsidentin wurde und bis heute die Mutter der Nation ist, eine Mischung aus Queen Mom, Helmut Schmidt und Marion Dönhoff. Sie saß einmal in einem der heißen Töpfe und plauderte mit einem Amerikaner, der sie fragte, was sie beruflich mache. Ich bin Präsidentin, antwortete Vigdís. Von welcher Firma?, fragte der Amerikaner, und sie antwortete: Von Island.

10:45 Uhr

Die Sonne ist aufgegangen. Sollte sie nicht von Wolken verdeckt sein, wäre jetzt die Zeit für ein Sonnenbad gekommen. Die Isländer sind Meister darin, die Temperatur in Abhängigkeit vom Wind zu sehen. Im Gegensatz zum deutschen Wetterbericht, der die »gefühlte Temperatur« benutzt, um uns einzureden, dass es eigentlich noch viel kälter sei, als das Thermometer zeigt, machen die Isländer sich auf diese Weise klar, dass acht Grad Celsius durchaus für ein Sonnenbad reichen können – alles eine Frage des Windschattens! Und in der Tat, wer frisch aus dem heißen Wasser oder Dampfbad kommt und sich auf die Plastikbänke an der Mauer zum Erste-Hilfe-Raum legt, kann dort überraschend lange bleiben, ohne zu frieren. Manchmal stehen währenddessen Touristengruppen in Allwetterjacken auf der Zuschauertribüne für Schwimmwettkämpfe und bekommen von ihrem Reiseleiter das *Laugardals-Bad* und die sich im Januar »sonnenden« Isländer gezeigt.

13:30 Uhr

Die Mittagszeit ist meist ruhig. Ein paar Großväter mit ihren Enkeln, gelegentlich ein Mitglied der Schwimmnationalmannschaft, das auf der Schnellbahn krault, und an den Wochenenden nicht wenige Verkaterte, die sich von dem heißen Wasser ein Wunder erhoffen, das erstaunlich oft eintritt.

16:30 Uhr

Auf der Wasserrutsche und um das im Kinderbecken gespannte Volleyballnetz erwacht das Leben. Der Nachmittag gehört den Familien und Teenagercliquen.

21:30 Uhr

Dunkel ist es längst wieder geworden, nun wird es spät im *Laugardalslaug*. Die Paare, die nach Feierabend gekommen sind, sitzen inzwischen längst zu Hause auf dem Sofa. Nur ein paar Einzelgänger sind noch da, einsame Seewölfe, die bis zur Schließzeit um 22:30 das stille Wasser durchziehen. Dann bleiben ihnen – die letzte Regel des Tages – fünfzehn Minuten Zeit, um das Schwimmbad zu verlassen.

Die Isländer lieben Schwimmbäder, doch ihre Badebegeisterung bleibt nicht auf diese öffentlichen Anstalten beschränkt. In Reykjavík gibt es sogar einen Badestrand, die Bucht Nauthólsvík, in der das Meer seit dem Jahr 2000 mit heißem Wasser aus nahe gelegenen Tanks »beheizt« wird. Dass es sich hier um den nördlichsten Badestrand der Welt handelt, muss man, die isländische Vorliebe für Superlative im Hinterkopf, wohl nicht mehr erwähnen.

Die bekannteste Badestelle Islands kombiniert auf noch spektakulärere Weise die Wirkung von viel heißem Wasser und atemberaubender Naturkulisse:

die *Blaue Lagune*. Diese inzwischen meistbesuchte Attraktion von ganz Island ist eigentlich eine Abwasserhalde des Geothermalkraftwerks Svartshengi, das seit den Siebzigerjahren ein Gemisch aus heißem Süß- und Meerwasser aus zwei Kilometern Tiefe an die Oberfläche holt, damit Turbinen zur Stromerzeugung antreibt und außerdem kaltes Quellwasser erhitzt, das anschließend in die umliegenden Orte auf der Halbinsel Reykjanes geleitet wird. Da es hiernach für das immer noch ziemlich warme Wasser keine Verwendung mehr gibt, wird es einfach auf das vor dem Kraftwerk liegende Lavafeld gepumpt, wo sich im Laufe der Jahre auf dem zerklüfteten schwarzen Gestein ein See gebildet hat, der so leuchtend blau ist, als könnte er im Dunkeln leuchten.

Anfang der Achtzigerjahre begannen die Isländer, in diesen Kraftwerkabwässern zu baden. Ein verrückter Ort. Direkt vor einer Industrieanlage, die eher an Uerdingen, Ludwigshafen oder Leuna erinnert, schwammen die Leute in sauberstem Wasser mitten durch ein Lavafeld – ein perfekter Clash aus Industrie und Natur, der schon für sich allein genommen aus der *Blauen Lagune* eine erstklassige Touristenattraktion gemacht hätte. Dann stellte sich noch zusätzlich heraus, dass das an Kieselsäure reiche Salzwasser einen lindernden Einfluss auf die Schuppenflechte und andere Hautkrankheiten hatte, und einigen findigen Isländern kam der Gedanke, dass auch die Nähe zum Flughafen Keflavík nicht schlecht war. Also richtete man einen Bustransfer ein und machte die *Blaue Lagune* zum weltersten Thermalbad mit internationalem Flughafenanschluss. Reisende, die mit Icelandair zwischen Europa und den USA unterwegs waren, konnten nun während ihrer Umsteigezeit ein Entspannungsbad nehmen – ich möchte gar nicht darüber nachdenken, wie viele Leute diese Kraftwerkstürme mit den Hütten davor für Reykjavík gehalten haben. Das Konzept ging auf. Obwohl die *Blaue Lagune* komplett menschengemacht und künstlich ist, wurde sie im Nu zum Symbol für Island und seine Naturbelassenheit. Die *Blaue Lagune* wurde zum Hauptwerbeträger des isländischen Tourismus, und Tausende begeisterte Besucher nahmen sich vor, einmal mehr Zeit in diesem Land zu verbringen als nur einen Stopover. Als der Wellness-Wahn dann Ende der Neunzigerjahre um sich griff, waren die Isländer als Erste dabei. Die Anlage wurde wieder und wieder erweitert, um mit der wachsenden Besucherzahl Schritt zu halten. Inzwischen gibt es ein richtiges Gebäude mit Duschen, Umkleidekabinen, Café und einem Restaurant, dessen Ausgang sich natürlich am Ende des Andenkenladens befindet, in dem sich rotgesichtige Touristinnen nach dem Lagunenbesuch mit Produkten der *BLUE LA-GOON* Kosmetiklinie eindecken; nebenan befinden sich eine Gesundheitsklinik und ein Hotel.

Die *Blaue Lagune* ist ein Musterbeispiel für den pragmatischen Einfallsreichtum, mit dem die Isländer immer neue Wege finden, um die natürlichen Gegebenheiten möglichst gut für sich zu nutzen: Das Wasser erzeugt erst Strom, dann heißes Leitungswasser, dann baden Touristen darin. Wie im *Seljavallalaug*, wo man sich eine vierte Betonwand sparte, indem man das Schwimmbad kurzerhand direkt an den Berg baute, hat man auch in der *Blauen Lagune* eine dieser kreativen Lösungen gefunden, die in früheren Jahrhunderten überlebenswichtig waren und bis heute den Charme des isländischen Lebens ausmachen.

Von der ursprünglichen Industrieromantik ist nach den Baumaßnahmen und Erweiterungen in der *Blauen Lagune* nicht mehr viel geblieben. So urtümlich wie beispielsweise in den *Nature Baths* am Mývatn-See ist es hier nicht mehr. Die *Blaue Lagune* ist eine richtige erwachsene Sehenswürdigkeit und einer der ganz wenigen isländischen Orte, die manchmal überlaufen sind. Dennoch lohnt der Besuch auf jeden Fall, besonders bei Sturm und Regen oder, noch besser, Schneesturm. Schnappen Sie sich eine der Schaumstoffmatratzen, tarieren Sie sich so aus, dass sie halb in dem heißen Wasser liegen, halb in der eiskalten Luft, und schließen Sie die Augen.

Vulkane

Einen weiteren Weltrekord hält Island ganz mühe-
los und ohne jede Pro-Kopf-Umrechnung: Seit der
Landnahme, der Besiedlung im neunten Jahrhundert, sind die isländischen Vulkane für ein Drittel
der Lava verantwortlich, die auf diese Erde geflos-
sen ist, Dutzende Kubikkilometer flüssigen Gesteins,
die ebenso spektakuläre wie verheerende Naturer-
eignisse ausgelöst haben. Oder, wie der Geologe
und Schriftsteller Ari Trausti Guðmundsson es so
fein in seinem Buch *Land im Werden* beschreibt:
*»Mit den Kontinenten verglichen ist die geologische
Aktivität in Island äußerst rege, man könnte fast sagen,
lebendig.«*

In den letzten Jahrzehnten war der Vulkanismus allerdings etwas langweilig geworden. Ein gewisser Höhepunkt war der Ausbruch der Grímsvötn unter dem Vatnajökull mit dem dazugehörigen Gletscherlauf, ansonsten ist bis auf das jahrelang herumköchelnde Krafla-Feuer kaum etwas passiert. Der Höhepunkt des Unspektakulären war der Ausbruch der Hekla im Jahr 2000, bei dem die Hilfsmannschaften nur einige Schaulustige retten mussten, die sich auf dem Weg zum Vulkan mit ihren Autos in einer Schneewehe festgefahren hatten. Fast schien es, als ob die Vulkane, die die Isländer jahrhundertelang in ihrer Existenz bedroht hatten, ihre archaische, das Leben der Menschen beeinflussende Kraft eingebüßt hätten und nur noch zur Inspiration für Filme, Zeitungsartikel und Bücher gut wären, deren Titel irgendwie mit den Worten »Land aus Feuer und Eis« spielten.

Dann kam das Frühjahr 2010 und mit ihm der Eyjafjallajökull und seine Aschewolke, die den Luftverkehr zusammenbrechen ließ. Vulkanologen mögen einwenden, dass es streng genommen gar keine Asche war, die dort über Europa herumwirbelte. Zumindest keine Asche im Sinne eines Verbrennungsrückstandes, keine Asche, wie man sie in einem Kamin findet, da in einem Vulkan nun einmal nichts verbrennt. Am besten erklärt sich das, wenn man eine lustige Besonderheit der isländischen Sprache betrachtet:

Das isländische Wort für Vulkanausbruch lautet *gos*. *Gos* heißt allerdings auch Limonade. Und ähnlich wie die Limo in der Flasche, steht auch das Magma tief in der Erde unter Druck, und genauso wie der Druck in der Flasche dafür sorgt, dass die Kohlensäure nicht entweicht, sorgt der Druck im Erdinneren dafür, dass Gase im Magma gelöst bleiben. Öffnet man die Flasche, nimmt der Druck ab, und die Kohlensäure zischt heraus. Hat man die Flasche vorher geschüttelt, wird die Kohlensäure sogar einen Teil der Limonade mit herausreißen. Und genau das passiert, wenn das Magma aus der Erdkruste nach oben steigt: Der Druck lässt nach, die Gase verflüchtigen sich auf mehr oder weniger explosionsartige Weise und reißen vulkanisches Material mit sich. Manchmal entstehen dabei Lavabomben, die so viel wiegen wie Kleinwagen, manchmal aber auch bloß winzige Gesteinspartikel, die hoch in die Atmosphäre fliegen und von den Geologen *Tephra* genannt werden oder auch Vulkanschlacke. Das »Aschemonster« (*BILD*) wäre also eigentlich ein »Tephramonster« oder »Vulkanschlackenmonster«. Ich möchte trotzdem weiterhin von Asche sprechen, obwohl es streng genommen falsch ist – ein Flughund ist ja auch kein Hund, und trotzdem nennen wir ihn so.

Was für Folgen die Aschewolke hatte, wurde mir klar, als ich am 16. April 2010 am Münchner Haupt-

bahnhof saß und hörte, wie neben mir ein Engländer
per Handy versuchte, eine Bahnfahrkarte von München nach Manchester zu buchen, weil sein Flug
storniert worden war. Der Eyjafjallajökull hatte die
größte Luftraumsperrung seit dem 11. September
2001 ausgelöst. Die Asche, fürchtete man, könnte
in den Triebwerken schmelzen und Ablagerungen
bilden, sie könnte Leitungen verstopfen, den Luft-
strom zum Erliegen bringen oder im Verbund mit
Eiskristallen die Cockpitscheiben blind schmirgeln.
Die Asche als potenzieller Flugzeugkiller half der Be-
kanntheit des Eyjafjallajökull mehr als jedes schöne
Foto von der eigentlichen Eruption. Nicht nur in
Deutschland sprach jeder von diesem isländischen
Vulkan.

Die Engländer, bei denen die Isländer seit der
Finanzkrise Schulden hatten, witzelten: »Iceland, we
want cash, no ash«, die Isländer scherzten zurück:
»Wenn ihr uns die Schulden erlasst, schalten wir den
Vulkan wieder aus.«

Angela Merkel saß in Lissabon fest und verpasste
die Beerdigung des polnischen Staatspräsidenten Lech
Kaczyński; Barack Obama und vielen anderen ging
es ähnlich. Die Londoner Buchmesse fand praktisch
nicht statt, der Münchener Flughafen verwandelte
sich in ein Matratzenlager, und als ich an besagtem
16. April von München einen Zug nach Hamburg
nahm, saß eine norwegische Familie hinter mir, die

aus Korea kam und in München eigentlich nur in ein Flugzeug nach Stavanger umsteigen wollte. Sie erzählten, dass sie nun mit dem Zug nach Hamburg fahren würden, von dort weiter nach Kopenhagen, dann mit dem Bus nach Oslo und von dort mit dem Schiff nach Stavanger. Die Schaffnerin sagte: »Good luck.«

Für so viel Aufmerksamkeit hatte nicht einmal der Ausbruch des Helgafell auf den Westmänner-Inseln vor der isländischen Südküste gesorgt, der fast in einer Katastrophe geendet wäre. Anfang Januar 1973 riss direkt hinter dem Hauptort Heimaey ohne jegliche Vorwarnung eine fast drei Kilometer lange Spalte in der Erde auf. Lavafontänen schossen unmittelbar hinter den Häusern über hundert Meter in den Nachthimmel, und ein Teil der austretenden Lava floss sofort Richtung Stadt. Die fünftausend Inselbewohner mussten fliehen. Dass das gelang, war einem Glücksfall zu verdanken oder eigentlich der Kombination zweier Glücksfälle: Zum einen war es am vorigen Tag derart stürmisch gewesen, dass die ganze Fischereiflotte im Hafen vor Anker lag, zum anderen hatte sich das Wetter gerade beruhigt, sodass die Schiffe nun auslaufen konnten. Einen Tag früher oder später wären die kleinen Fischerboote wohl nicht zum Auslaufen in der Lage beziehungsweise bereits wieder auf Fangfahrt unterwegs gewesen.

In den folgenden Tagen regneten Hunderttausende Kubikmeter vulkanisches Material auf Heimaey, glühende Lavabomben schossen Häuser in Brand, die Insel versank unter meterhohen Aschedünen.

Was während dieses Ausbruchs geschah, ist beispielhaft für den Umgang der Isländer mit der Natur. Einige Insulaner, darunter Feuerwehr und Polizei, blieben auf Heimaey zurück. Sie schleppten Waschmaschinen, Möbel und anderen wertvollen Hausrat auf Schiffe, vernagelten die Fenster und brachten den wertvollen Fisch aus den Kühlhäusern in Sicherheit. Allerdings ging es nicht in erster Linie darum, wie von einem sinkenden Schiff so viele Wertgegenstände wie möglich von der Insel zu schaffen. Es ging darum, den Hafen von Heimaey zu retten, den wichtigsten Hafen an Islands von Sanderflächen dominierter Südküste, der für die Fischerei von immenser Bedeutung ist.

Während der Helgafell also im Hintergrund Lava auf die Insel spie und mit flüssigen Gesteinsbrocken um sich schoss, schoben die Männer, die aufgrund des giftigen Kohlenmonoxids in der Luft alle drei Tage abgelöst wurden, mit Planierraupen die Asche aus der Stadt in Richtung des Lavastroms und errichteten Barrieren. Es gab sogar Überlegungen, den Vulkan zu bombardieren, die allerdings nie umgesetzt wurden. Als die Aschebarrieren keinen Erfolg brachten, beschlossen die Insulaner, das winterlich kalte Wasser des Nordatlantiks einzusetzen. Eiligst wurden Pumpen und Rohre auf die Insel geschafft. Die Helfer stellten sich vor dem Hafen auf, spritzten aus Feuerwehrschläuchen auf die heranwälzende Lava und legten in halsbrecherischen Aktionen sogar Wasserleitungen über den glühenden Strom, um eine möglichst große Fläche gleichzeitig zu erreichen. Das Unmögliche gelang: Der Strom kühlte ab, wurde langsamer und stand schließlich, kaum dreihundert Meter vor den Hafenanlagen, still. Was für ein perfektes Beispiel für den Drang der Isländer, der übermächtigen Natur etwas entgegenzusetzen, egal, wie aussichtslos es scheinen mag. Hauptsache, es kann nachher niemand sagen, man habe nichts getan!

Die evakuierten Einwohner verfolgten diese Arbeiten vom Festland. Viele hatten ihre Häuser verloren, und doch hielten sie sich nicht lange damit auf, mit ihrem Schicksal zu hadern. Sie hofften, dass der Hafen durch den Teil der Lava, der direkt ins Meer floss, in Zukunft noch besser geschützt sein könnte und überlegten bereits, was man auf dem Neuland ihrer sich täglich vergrößernden Insel bauen oder welcher ausländischen Baufirma man das neue vulkanische Material verkaufen könnte.

Bald nachdem sich der Helgafell im Juli 1973 beruhigt hatte, kehrten die ersten Einwohner zurück.

Heimaey war komplett verändert. Ein zerklüfteter Wall aus scharfkantigem Lavagestein, in dessen Innerem noch Jahre später Temperaturen von über hundert Grad herrschten, hatte sich in das Städtchen gewälzt und vierzig Prozent aller Häuser unter sich begraben. Neben dem Helgafell war ein zweiter Vulkan aufgetaucht, den die Einwohner Eldfell nannten, den Feuerberg.

Heute wohnen auf Heimaey wieder fast so viele Einwohner wie früher. Die Touristen sind deutlich mehr geworden, sie unternehmen Wanderungen auf der erdgeschichtlich wenige Augenblicke alten Lava; sie besehen sich die Gedenksteine, die auf begrabene Häuser aufmerksam machen, und besuchen die Ausgrabungsstätte, an der Archäologen einige der verschütteten Gebäude freilegen. Der Name dieser Ausgrabungsstätte ist auch wieder typisch für das Talent der Isländer, Naturkatastrophen für Werbezwecke zu nutzen. Wir befinden uns hier nämlich im – Trommelwirbel – *Pompeji des Nordens*.

Gleichzeitig machen die Leute auf Heimaey ganz normal mit ihrem Alltag weiter, bauen eifrig neue Häuser und versuchen, möglichst wenig darüber nachzudenken, dass jederzeit wieder ein Vulkan ausbrechen könnte.

Eine weitere Attraktion wäre sicherlich die Insel Surtsey, die zehn Jahre vor dem Heimaey-Ausbruch wenige Seemeilen entfernt nach einem submarinen

Vulkanausbruch aus dem Meer auftauchte. Sie ist kein… *des Nordens*, sondern die jüngste Landmasse der Erde, der einzige Neuzugang, den die Erdoberfläche seit Menschengedenken überhaupt verzeichnen kann. Doch Surtsey ist gesperrt. Niemand darf die Insel betreten, mit Ausnahme von einigen gut desinfizierten Forschern, die beobachten sollen, wie Tiere und Pflanzen ein solches Neuland in Besitz nehmen. Allerdings gibt es auf Heimaey ein Besucherzentrum, in dem sich die Entwicklung des neuen Lebens auf der Nachbarinsel zumindest aus der Ferne mitverfolgen lässt.

Seit der Besiedlung Islands ist im Durchschnitt alle vier bis fünf Jahre ein Vulkan ausgebrochen. Mit jedem Ausbruch tut sich ein Fenster in die Frühzeit unseres Planeten auf, das uns zumindest eine Vorstellung davon gibt, wie es gewesen sein muss, als die Oberfläche unseres Planeten noch aus wenig anderem bestand als jener flüssigen Magma, die heute in den allermeisten Fällen im Erdinneren vor sich hin blubbert.

Oder, wie man im Mittelalter gesagt hätte, in der Hölle. Und die war nach Ansicht der damaligen Chronisten in Island besonders nah. Vor allem die Hekla hatte es den damaligen Autoren angetan, ein spitzkegeliger, schneebedeckter Berg, der seit der Besiedlung Islands bereits zwanzig Mal ausgebrochen ist.

Bis heute gibt es im Schwedischen für »Scher dich zum Teufel« den Ausdruck: »Fahr zur Hekla.«

Obwohl das Nordische Vulkanologische Institut (kurz: *Nordvulk*) der Hekla inzwischen mit Seismografen, GPS-Messungen und Satellitenbeobachtungen zu Leibe rückt und sogar den Mineralgehalt und die Temperatur der Flüsse in ihrer Umgebung misst, ist sie unberechenbar geblieben. Die letzten Ausbrüche der Hekla konnten die Vulkanologen gerade einmal zwanzig Minuten vorher erkennen, da half auch das *Tiltmeter* nicht, ein unter der Mitarbeit des *Nordvulk* entwickeltes, einer Konservendose nicht unähnliches Messgerät, das die minimalen Wölbungen messen kann, mit denen die Erdkruste sich vor dem Ausbruch langsam aufbläht, bevor sie plötzlich in sich zusammenfällt.

Dass ich aus dem Vulkan Hekla ein weibliches Wort gemacht habe, mag merkwürdig klingen, schließlich sind andere Vulkane wie der Fujijama, Pinatubo oder Vesuv männlichen Geschlechts. Ich habe mich aus klanglichen Gründen für »die Hekla« entschieden und auch, weil das Wort im Isländischen weiblich ist. Was allerdings nicht heißen soll, dass – wie im Zuge der Berichterstattung über den Eyjafjallajökull in deutschen Medien manchmal behauptet wurde – alle isländischen Vulkane weiblich seien. Diese schönen, unberechenbaren Feuerberge mit dem ewig

Weiblichen gleichzusetzen klingt nach tief verwurzelter Volksweisheit, ist aber falsch. Es gibt zwar Vulkane, die weibliche Namen tragen, wie die Askja, die Katla oder eben die Hekla, doch die Mehrzahl der Vulkane ist anderen Geschlechts. Es lohnt sich hier sogar, einen (kurzen!) Exkurs in die Grammatik zu machen, da die Vulkan-Namensgebung ein schöner Beweis für den Facettenreichtum der isländischen Sprache ist. Vulkane können Inseln (Surtsey) sein, Kraterspalten (Lakagígar) oder Gebirgszüge (Kverkfjöll). Der Vulkan Grímsvötn (*vötn* = Seen, sächlich Mehrzahl) ist nach subglazialen Seen unter dem Gletscher Vatnajökull benannt; der bereits erwähnte Helgafell (*fell* = kleiner Berg, sächlich) auf den Westmänner-Inseln ist der Heilige Berg.

Im Falle des Eyjafjallajökull (*jökull* = Gletscher, männlich) kann man den Namen auch als Beweis dafür nehmen, was Vulkane für unberechenbare Biester sind. Eyja-fjalla-jökull heißt Insel-Berge-Gletscher. Jahrhundertelang machte er diesem Namen alle Ehre und überragte als eisüberzogener Gletscher unweit der Ringstraße ruhig den südisländischen Landkreis Rangárþing. In den letzten Jahrhunderten hatte es zwei, drei Ausbrüche gegeben, die so zaghaft waren, dass man dem Eyjafjallajökull im Nachhinein vorwerfen könnte, er habe so harmlos getan, um sich seinen täuschend beschaulichen Namen zu erschleichen.

Dann allerdings zeigte der »Gletscher« Eyjafjallajökull im April 2010, dass er als Vulkan einiges zu bieten hatte: Es begann am Fimmvörðuháls, wo kurz hintereinander mehrere Spalten aufplatzten, ein »Spaltenschwarm«, wie die Geologen sagen. Wenig später eruptierte der Eyjafjallajökull selbst mit nie gekannter Kraft. Südisland verwandelte sich in eine graue und gleichzeitig farbenfrohe Welt. Das schmelzende Gletschereis hüllte die Bergkuppe in weißen Dampf, eine pechschwarze Wolke stieg daraus hervor – wären die roten Lavafontänen und Blitze nicht gewesen, hätte man sich in einem Schwarz-Weiß-Film wähnen können –, dann brach immer wieder die Sonne durch den Dunst und ließ die Aschepartikel in übernatürlich buntem Licht erstrahlen.

Mit Ausnahme der gestrandeten Reisenden, die zum Teil tagelang in Transferbereichen kampieren mussten oder sich per Fähre und Bus aus Mallorca nach Hause quälten, begeisterte der Eyjafjallajökull die ganze Welt. Nur eine Woche nach der Luftraumsperrung schickte mir ein isländischer Freund den Link zu einem Computerspiel, bei dem man als Pilot der »Volcanic Airways« mit seinem Flugzeug immer dichter werdenden Aschewolken ausweichen musste. Auf der Highscore hatten sich bereits mehr als tausend Spieler eingetragen.

Geologen verkündeten freudig, den Ausbruch diesmal so rechtzeitig vorausgesagt zu haben, dass

60

der Zivilschutz in aller Ruhe die Evakuierung habe vorbereiten können. Als es schließlich so weit war, wurden alle betroffenen Bewohner per SMS zu den Sammelstellen gerufen. Noch erfreulicher war, dass die Evakuierten schon bald in ihre Häuser zurückkehren konnten; niemand war verletzt worden, und auch der finanzielle Schaden hielt sich in Grenzen. Wissenschaftler in aller Welt spekulierten darüber, wie der Ausbruch die Landschaft verändern würde. Was für neue Flüsse wird es geben? Was für Schluchten und Geröllflächen?

Zwar waren auch andere Vulkanausbrüche bereits ausführlich gefilmt worden, doch von keinem verbreitete sich eine derartige Vielzahl an Bildern wie nun, wo *YouTube, flickr* und allerlei Blogs zur Verfügung standen. Die Isländer genossen es sehr, dass ihr Land nach all den Nachrichten über Schulden und Krise nun wieder mit etwas Schönem von sich reden machte. Bald witterte auch das Fremdenverkehrsamt eine Chance, diesen Hype in die sozialen Netzwerke des Internets zu tragen und rief am 3. Juni 2010 zu einer landesweiten Aktion auf. Alle Isländer und Islandfans sollten um 13 Uhr von der Arbeit sämtlichen Freunden einen Link zu dem Video »Iceland is more awake than ever« schicken, das Islands spektakulärste Naturschönheiten präsentierte – natürlich inklusive Eyjafjallajökull. Es war die perfekte Synthese aus der Technikbegeisterung der heutigen Isländer und dem archaischen Feuerinsel-Image. Wo sollte der erste Vulkanausbruch des Web 2.0 auch stattfinden, wenn nicht in Island?

Eine der schönsten Vulkangeschichten rankt sich um die äußerst aktive Katla, die nicht weit vom Eyjafjallajökull unter dem Inlandseisfeld des Mýrdalsjökull liegt. Zwei Mal pro Jahrhundert ist sie in der isländischen Geschichte ausgebrochen und hat unzählige Bauernhöfe und fruchtbare Äcker unter sich begraben. Der letzte Ausbruch 1918 führte zu einem Gletscherlauf, einer Flutwelle aus Schmelzwasser, die vom Mýrdals-Gletscher auf den Nordatlantik zudonnerte und zwei- bis viermal so viel Wasser führte wie die Amazonasmündung. Augenzeugen berichteten von zweihundert Meter hohen Eisbergen, die auf den Fluten durch Südisland rasten, und mögen sie auch übertrieben haben – selbst die Vorstellung von fünfzig Meter hohen Eisbergen ist unglaublich genug.

Zu ihrem (weiblichen) Namen kam die Katla durch eine Köchin gleichen Namens, die vor langer, langer Zeit in Südisland lebte und ebenso bösartig wie zauberkundig war. Sie besaß eine Hose, in der man nie des Laufens müde wurde. Eines Tages verlor ein Hirtenjunge in den Bergen einige Schafe und lieh sich heimlich Katlas Wunderhose, um nach ihnen zu suchen. Als Katla dies bemerkte, tötete sie ihn und versteckte seine Leiche in einem Fass mit dem Wintervorrat der typisch isländischen Quarkspezialität *Skyr*. Der Winter schritt voran, und mit jeder Schüssel *Skyr*, die die Hofbewohner löffelten, rückte der Tag näher, an dem Katlas Tat entdeckt würde. Schließlich lief sie davon und stürzte sich von einem Berg, doch auch der wollte sie nicht haben. Er spuckte sie mit einer sagenhaften Eruption wieder aus und trägt seitdem ihren Namen: Katla.

Später fungierte der Vulkan selbst als Namensgeber. Astrid Lindgren nutzte den Namen Katla für das Drachenweibchen, dessen Feuer Jonathan, dem älteren der Brüder Löwenherz, zum Verhängnis wird.

> *»Dort war sie einst tief in der Urzeitnacht eingeschlafen und schlief tausend und abertausend Jahre und niemand wusste, dass es sie gab. Doch eines Morgens erwachte sie (…) und hauchte alles und alle mit ihrem tödlichen Feueratem an. Wo sie entlangkroch, da fielen die Menschen zur Rechten und zur Linken.«*
> (Übersetzung: Anna-Liese Kornitzky)

In seinem Roman *Vom zweifelhaften Vergnügen, tot zu sein* schreibt Hallgrímur Helgason, dass Schriftsteller wie Vulkane seien: »*Majestätisch aus der Ferne, aber ein Fluch für die, die in ihrer Nähe leben.*« Das ist schön gesagt, aber nicht ganz zutreffend. Natürlich bringen Vulkane die Menschen in ihrer Nähe in Gefahr, doch auch in weiter Ferne schlagen sie zu.

1510 hat die Hekla im 45 Kilometer entfernten Skál-
holt einen Mann mit einer Lavabombe erschlagen.
Und Ende des achtzehnten Jahrhunderts gab es eine
Eruption, die für die Menschheit so weitreichende
Folgen hatte wie kaum eine andere: den Ausbruch
der Laki-Krater.

Ausgerechnet am Pfingstsonntag im Juni des Jahres 1783 brach mitten in Südisland in der Umgebung des Berges Laki die Erde auf einer Länge von
25 Kilometern auf. Mehr als 130 Krater warfen innerhalb weniger Monate die zweitgrößte Lavamenge
seit Menschengedenken auf die Erde, nur beim Ausbruch der benachbarten Eldgjá 934 floss ein größe-
res Volumen des flüssigen Gesteins.

Die Auswirkungen waren verheerend. Der reißende Gletscherfluss Skaftá verdampfte innerhalb von
drei Tagen – anstatt Wasser ergoss sich nun ein Lava-
strom in Richtung Meer. Im Gegensatz zum aktuel-
len Ausbruch des Eyjafjallajökull legte sich kein Gemisch aus Wasserdampf und Tephrapartikeln auf das
Land, sondern ein blauer, mit Schwefeldioxid und
giftigen Fluorverbindungen gesättigter Dunst, der
über Monate alles verdunkelte. Es gibt einen Bericht
von einem Hirten, der mit seinen Schafen eine Senke
durchquerte, in der sich das Gas gesammelt hatte.
Alle seine Schafe starben, nur der Hirte selbst, der
die Luft einen entscheidenden halben Meter höher
atmete, kam mit dem Leben davon.

| 64

Auch hier versuchten die Isländer, die Lava aufzuhalten, hatten jedoch – im Gegensatz zu den Bewohnern der Westmänner-Inseln 1973 – wenig Erfolg. Der bis heute als *eldklerkur* (Feuerpastor) bekannte Jón Steingrímsson predigte vor versammelter Gemeinde so lange, bis die Lava kurz vor seinem Dorf Kirkjubæjarklaustur stoppte. Doch daran, dass fast ganz Island unter einer zentimeterdicken Schicht aus giftiger Schlacke versank, konnte auch der Feuerpastor nichts ändern. Es war eine Katastrophe biblischen Ausmaßes. Fünfzig Prozent der Rinder und achtzig Prozent der Schafe verendeten, ein Viertel aller Isländer starb sofort oder verhungerte in den folgenden Jahren der *móðuharðindin*, des Dunstelends.

Doch nicht nur Island hatte zu leiden. Der giftige Dunst zog im Jetstream nach Osten. Schon bald verdunkelte sich auch in England die Sonne, faulig riechende Nebel sorgten dafür, dass mehrere Tausend Menschen erstickten oder an Vergiftungen starben. Ein außergewöhnlich harter Winter tat ein übriges dazu, dass die Zahl der Todesopfer durch die Laki-Eruption allein auf den Britischen Inseln auf mehr als 30 000 geschätzt wird. Auf der ganzen Nordhalbkugel kühlte sich das Klima um 1,3 Grad Celsius ab, mit verheerenden Folgen für die Ernten in Europa und darüber hinaus. In vielen Gegenden hungerten die Leute noch jahrelang – könnte an der im ersten Kapitel erwähnten Hypothese, die Laki-Eruption habe zum Ausbruch der Französischen Revolution beigetragen, also wirklich etwas dran sein?

Vor Jahren bin ich einmal durch die Wüste gefahren, die der Laki-Ausbruch im Süden des isländischen Hochlandes hinterlassen hat. Früher war es fast unmöglich gewesen, diese Einöde zu erreichen, da die Pferde über mehrere Tage hinweg kein Gras finden konnten, und obwohl wir mit zwei Jeeps unterwegs waren, ist auch mir diese Fahrt als das größte Abenteuer in Erinnerung geblieben, das ich in Island erlebt habe. Die Hochlandpiste, die uns immer weiter in das Kratergebiet führte, war kaum mehr als ein Strich von der Breite eines Autos – schon wenige Zentimeter Schnee hätten sie zum Verschwinden gebracht. Alle paar Kilometer kamen wir an einen Gletscherfluss, unser Freund Þórir zog seine Gummihose an und watete hinein. Erst, wenn Þórir sich sicher war, dass das Wasser an keiner Stelle der Furt höher als bis zur Hälfte seines Oberschenkels reichte, fuhren wir hindurch. Ob wir es später am Tag wieder zurückschaffen würden, war dabei keinesfalls klar: Sowohl Regen als auch zu viel Sonne und damit schmelzendes Gletschereis können die Flüsse jederzeit anschwellen lassen.

Auf einer Strecke von der Länge Düsseldorf-Köln gibt es hier nichts als Vulkane. Eine endlose Reihe von schwarzen Kratern, zusammengestürzte, ausgeglühte Festungen, umgeben von schwarzem Gestein und schwarzen Aschehalden. Für Farbe sorgt in diesem erstarrten Meer nur das silbergraue Haarmützenmoos und das grünliche Zackenmützenmoos, das auf einigen Kratern Fuß fassen konnte. Immer wieder dampft es am Horizont, nirgendwo ein Mensch. Je länger wir fuhren, desto mehr zweifelte ich daran, ob ich wirklich dort sein sollte. Nicht, weil ich glaubte, diesen Ort von fast schon heiliger Naturschönheit zu entweihen, nein, es war etwas anderes: Ich hatte das Gefühl, zu früh gekommen zu sein. Das Gefühl, dass wir Menschen, Einheimische wie Touristen, in Island eigentlich gar nichts zu suchen hatten und besser in ein paar Millionen Jahren noch einmal vorbeikommen sollten, wenn sich alles etwas beruhigt hatte.

Der isländische Traum. Island und die Krisen

In der Mythenwelt der altisländischen Literatur stehen viele Paläste. Als besonders prächtig wird in der *Lieder-Edda* eine Halle mit silbernem Dach und goldenen Säulen beschrieben, in der Recht über Götter und Menschen gesprochen wird – ein Ort, den niemand unzufrieden verlässt. Nach dieser legendären Schlichtungsstelle hatte sich die Bank *Glitnir* benannt, die erste der drei großen isländischen Banken, die im Herbst 2008 von der Finanzaufsicht verstaatlicht wurde und den Isländern schlagartig klarmachte, dass ihr Land, das bis vor Kurzem als eines der reichsten Länder der Erde galt, Opfer der Finanzkrise geworden war.

Auch wenn es mir in der Rückschau so erscheint, als hätte es gar nicht anders kommen können, hatte ich nichts geahnt. Wie die meisten Isländer fiel ich aus allen Wolken, als das Fernsehen am 29. September mitten am Tag eine Pressekonferenz der Notenbank zeigte. Schockiert verfolgte ich mit, wie Notenbankchef Davíð Oddsson die Verstaatlichung von *Glitnir* ankündigte und dem melancholischen Komiker Fozzie-Bär aus der Muppet-Show immer ähnlicher wurde, als er in den folgenden Tagen verkündete, dass mit *Landsbanki* und *Kaupthing* auch die anderen beiden großen Banken des Landes nur durch eine staatliche Übernahme gerettet werden konnten.

Die Zeit, zu der Island mit netten kleinen Meldungen von sich reden machte, war vorbei. Die Finanzkrise brachte das Land auf die Titelseiten der internationalen Presse. Ministerpräsident Geir Haarde sprach von der Gefahr eines Staatsbankrotts, er sagte »Gott segne Island« und brauchte wenig später Leibwächter – als erster isländischer Politiker überhaupt.

Mitten in diesen wahnsinnigen Tagen flog Yoko Ono nach Island, um ihren *Friedensturm* einzuschalten, eine riesige Lichtsäule, die aus dem Wasser des Hafens aufstrahlt und den Nachthimmel von Reykjavík erleuchtet. Nur, dass sie angesichts der Krise gar nicht mehr wie ein Friedenssymbol aussah, sondern eher wie ein Lichtschwert aus *Krieg der Sterne*, mit dem die dunkle Seite des Geldes zu einem erneu-

ten Schlag gegen das kleine Land am Polarkreis aus-
zuholen drohte.

Wie hatte Island, das jahrelang auf den Statistiken
für Lebensstandard und auf dem »Satisfaction with
Life«-Index beneidenswerte Spitzenplätze belegte, so
abstürzen können? Die üblichen Schuldzuweisungen
zwischen den politischen Lagern und betroffenen
Ministerialressorts sind längst ausgetauscht. Das zu
verfolgen, mag man je nach persönlicher Betroffen-
heit und Lebenseinstellung traurig oder komisch finden. Doch wer tiefer in der isländischen Kultur und
Geschichte nach Gründen für die plötzliche Misere
sucht, entdeckt etwas, das auch uns Europäern bekannt vorkommen mag: den Drang, modern zu sein
und in einer globalisierten Welt zu den Gewinnern
zu gehören – gepaart mit dem Wunsch, seinen Traditionen treu zu bleiben.

Jedes Mal, wenn ich als Kind in den Achtziger-
jahren nach Island kam, schienen Kinokarten und
Eis mehr zu kosten als bei meinem letzten Besuch.
Es handelte sich um das, was die Isländer *verðbólga*
nennen. Wörtlich heißt das Preisentzündung, also:
Inflation. In den Achtzigerjahren waren zweistellige
Inflationsraten normal. Island war alles andere als ein
Investorenparadies: Die Volkswirtschaft war kom-
plett vom Fischexport abhängig und auf fast sozia-
listische Weise reguliert. Die Banken befanden sich

in staatlicher Hand, und um die notorisch schwache isländische Krone in D-Mark oder Dollar zu tauschen, brauchte man eine Genehmigung. Isländischen Firmen war es praktisch untersagt, im Ausland zu investieren, Beamte bestimmten die Preise von Milch und Fleisch – sogar der Verkauf von Bier war bis 1989 verboten.

Es war die Zeit, zu der jeder meinen Vater fragte: »Warum nimmst du keinen Kredit auf und kaufst hier ein Haus? Die Inflation wird es schon bezahlen.« Und auch als die Inflationsrate in den Neunzigerjahren ein normales westeuropäisches Niveau erreicht hatte, sagten meine älteren Verwandten noch: »Warum sparen? Ich habe doch mein Haus.«

Schon damals ging es den Isländern gut. Das Land stand in puncto Lebensstandard den anderen nordischen Ländern in nichts nach, hatte mehrere professionelle Theater, ein Sinfonieorchester und eine Oper. Nur dass das im Ausland niemand mitbekommen hatte. Island galt als eine Art atlantisches Sibirien, und auch wie ein deutscher Kommentator einen etwas steif wirkenden isländischen Sänger beim Grand Prix damals einmal als »Fischstäbchen« bezeichnete, erinnere ich noch genau. Manche Isländer genossen die Narrenfreiheit, die ihnen dieses Unwissen bot. Mein Freund, der Schriftsteller Andri Snær Magnason, hat als Schüler Anfang der Neunzigerjahre einen Deutschkurs am Bodensee besucht und sich einen Spaß daraus gemacht, den anderen Schülern zu erzählen, dass die Isländer noch heute in den dunklen Nächten Lampen an ihre Wikingerhelme schraubten, ähnlich wie Bergarbeiter. Außerdem behauptete er, Island sei das letzte Land der Welt, in dem es noch eine Paarungszeit gebe wie im Tierreich, und zwar im Januar, damit die Kinder vor Wintereinbruch zur Welt kämen.

Doch nicht alle hatten so viel Humor. Die Isländer lieben ihr Land, leiden jedoch in gleichem Maße an einem Minderwertigkeitskomplex, der daraus erwachsen ist, dass der Rest der Welt lange Zeit kaum wusste, dass es Island überhaupt gab. Streng genommen gibt es das Land ja auch noch nicht lange. Erst im zwanzigsten Jahrhundert war es nach langer dänischer Kolonialherrschaft wieder ein souveräner Staat geworden. Es gab so wenig Fortschritt, dass im achtzehnten Jahrhundert weniger Menschen auf der Insel lebten als im dreizehnten, und diese wenigen noch immer in engen, feuchten Torfhütten. Mein Großvater wurde 1891 in einer nur wenig schickeren Hütte direkt am Atlantik geboren, viele seiner Geschwister überlebten die Kindheit nicht. Erst im Laufe des zwanzigsten Jahrhunderts bekam Island Anschluss an die Moderne.

Vielleicht sehnen sich die Isländer aus diesem Grund noch etwas mehr nach internationaler Anerkennung, als Nationen dies im Allgemeinen tun. Bis

heute sind die Isländer darauf versessen, alle Welt-
neuheiten in puncto Technik, Design und Mode
möglichst schnell auf ihre Insel zu holen, und wenn
sich ein Produkt erst einmal bei den richtigen Leuten durchgesetzt hat, wollen es alle haben. Das Radio
der amerikanischen Firma *Tivoli Audio*, zum Beispiel.
Es handelt sich hierbei um ein Holzkistchen mit einem runden Lautsprecher und einem ebenfalls runden, ähnlich großen Sendersucher im Retroschick,
das vom Produktsinn irgendwo zwischen Küchen-
radio und Designereignis angesiedelt ist. Es kostet
zweihundert Euro. Die meisten Leute hätten wohl
Vorbehalte, sich überhaupt so ein teures Radio zu
kaufen – geschweige denn, es dann in die Küche zu
stellen. Doch in Island habe ich das Tivoli-Radio eines Sommers in einigen Küchen und Werbeanzeigen
gesehen – als ich ein paar Monate später wiederkam,
hatten es alle. Genauso war es ein paar Jahre zuvor
mit dem Mountainbike oder einem Autoanhänger,
aus dem sich quasi auf Knopfdruck ein Zelt von der
Größe eines Einfamilienhauses entfaltet.

Eine gewisse Sorglosigkeit im Konsum – und das
damit einhergehende grundsympathische Interesse
an allem Neuen – war also schon länger für viele
Isländer typisch, wobei damit in den Achtzigerjahren
noch alles in Ordnung war. Die Isländer arbeiteten
viel, Wirtschaft, Wohlstand und Bevölkerung wuch-
sen, was machte es da schon, wenn die eine oder

andere Familie auf Pump einen Drittwagen kaufte oder in den Urlaub fuhr?

Dann wurde 1989 das Bier legalisiert. In den folgenden Jahren veränderte sich die isländische Volkswirtschaft so sehr wie keine andere in Westeuropa. 1991 wurde Davíð Oddsson Ministerpräsident und leitete mit seiner konservativen Unabhängigkeitspartei umfangreiche Liberalisierungen ein. Als auf deren Höhepunkt um die Jahrtausendwende die isländischen Banken privatisiert wurden, taten diese als Erstes das, was ihnen all die Jahre verboten gewesen war: Sie liehen sich zu den damals äußerst niedrigen Zinsen Geld und stellten es den Isländern zur Verfügung, die nun endlich im Ausland investieren durften und ohne zu Zögern ganze Supermarktketten in England kauften. Die Isländer machten nun also im großen Stile das, was sie sich in den vielen Jahren der Inflation angewöhnt hatten: Schulden.

Ich gebe gern zu, wie mich diese Entwicklung anfangs faszinierte. Arbeitslose gab es ebenso wenig wie Pessimismus. Während in Deutschland um die Jahrtausendwende vom Abschwung West die Rede war, ging es in Island richtig los. Die kleine Icelandair kaufte fast zehn Prozent von EasyJet; *Kaupthing* verdoppelte durch die Übernahme der dänischen FIH Bank mit einem Schlag ihre Bilanzsumme und leistete sich wenig später den Monty-Python-Star John

Cleese für eine Werbung. John Cleese! Für 300 000 Leute. Für das Geld hätte man ebenso gut alle Isländer anrufen können, doch es ging längst nicht mehr um Island. Es ging um die Welt. Isländische Investoren verkündeten ohne Scham, dass die Aktiva ihrer Unternehmen das Bruttosozialprodukt des Landes bei Weitem überstiegen.

Der Witz des Werbespots ist übrigens, dass John Cleese den Namen der Bank nicht richtig aussprechen kann. Statt *Kaupthing* sagt er »Kappaflingfling«. »Fling« ist das englische Wort für eine kurze Liebesaffäre.

Mit derselben Sorglosigkeit, mit der sich einige Isländer auf Kredit eine zu teure Küche leisteten, kauften die isländischen Investoren nun ganze Firmen. Plötzlich gab es isländische Milliardäre! Vor aller Augen landeten Privatjets auf dem Reykjavíker Stadtflughafen. Immer mehr nagelneue Luxusjeeps fuhren durch die Straßen, Porsche Cayenne, Volkswagen Touareg, Volvo XC 90, BMW X 5 und Range Rover waren für die Isländer das perfekte Statussymbol, um gleichzeitig Reichtum und risikofreudigen Pioniergeist zu zeigen.

Vorort um Vorort wurde in die Lava vor Reykjavík gesprengt. Auch wenn ich immer wieder betonen muss, dass die Mehrheit der Isländer bei dem ganz großen Schuldenwahnsinn nicht mitmachte, gab es doch normale Angestellte, die sich auf einmal eine Villa leisteten, in der Er und Sie getrennte Garagen hatten. Am Hafenrand schoss ein Hochhaus nach dem anderen in die Höhe, die Penthouses hatten Dachterrassen mit heißen Töpfen und Blick auf die alten Holzhäuserchen in der Innenstadt, von denen es Jahr für Jahr weniger gab. Handwerker bekam man überhaupt nicht mehr, wie ich merkte, als ich im Sommer 2007 in der halb fertigen Wohnküche meiner Freunde Árni und Hrönn saß. Sie hatten den Sommerurlaub damit verbracht, eine Fußbodenheizung zu verlegen. Alles war fertig. Sie brauchten nur einen Elektriker, der den Herd an die Starkstromleitung anschloss, doch es war keiner zu bekommen. Handwerker waren ausgebucht wie Starfriseure und berechneten ähnliche Stundensätze.

Auch die Banken, die mehr zahlten als alle anderen Unternehmen, sogen gut ausgebildete Leute vom Arbeitsmarkt wie Staubsauger. Naturwissenschaftler und Programmierer stellten nun Finanzprodukte her und machten Risikomanagement, Geschichtslehrer beschäftigten sich mit Marktanalysen, es gab eine Art Brain-Drain im eigenen Land.

Die Zeitungen und Magazine von 2007 zeigten entschlossen lächelnde Männer in Anzügen, die Sätze sagten wie: »Wir betrachten jetzt auch Norwegen als unseren Heimatmarkt« oder gleich: »The world is our playing field.«

Endlich bekamen die Isländer eine Chance, der Welt zu beweisen, dass sie nicht nur Fische fangen konnten. Sogar das Kopenhagener *D'Angleterre* kam in isländischen Besitz, das Traditionshotel der Dänen, und ebenso das altehrwürdige Kaufhaus *Magasin du Nord*. Die Isländer mögen Dänemark, in Kopenhagen wohnt die größte isländische Auslandsgemeinde, und als ich klein war, gab es sogar einen Direktflug nach Legoland. Doch die Dänen waren eben auch die ehemaligen Kolonialherren, gegenüber denen die Isländer sich nun mit besonderer Freude als ernst zu nehmende Geschäftspartner etablierten.

Bei meinen Islandreisen fühlte ich mich in diesen Jahren jedes Mal mehr wie ein armer Verwandter aus dem Euro-Raum. Ich traute mich kaum noch, auf den Betrag zu sehen, bevor ich eine Kreditkartenquittung unterschrieb, etwas in Euro umzurechnen, kam erst recht nicht infrage. In dem Roman *10 Tipps, das Morden zu beenden und mit dem Abwasch zu beginnen* von Hallgrímur Helgason heißt es: »Einmal den Kühlschrank vollzumachen, kostet so viel wie ein ganzer Kühlschrank. Ein halbes Kilo Käse kostet so viel wie ein halbes Kilo Hasch.« Das war nicht übertrieben.

Innerhalb eines Jahrzehnts sprang Island in der Auslandsinvestitions-Statistik der OECD von einem der niedrigsten Ränge an die Spitze. Der Politologe Hannes Gissurarson veröffentlichte ein Buch, das Island Chancen einräumte, das reichste Land der Erde zu werden, mit Reykjavík als Welthauptstadt der erneuerbaren Energie. Der neue isländische Geldadel übte vorsorglich schon mal für die Rolle der Ölscheichs des einundzwanzigsten Jahrhunderts und ließ Popstars wie Elton John auf privaten Feiern singen. Wenn heute von dieser Zeit die Rede ist, fällt oft der Satz: »Das war so 2007!«

Island wäre nicht Island, wenn nicht auch während dieses Booms immer wieder dieselben Leute in den wichtigsten Positionen aufgetaucht wären, die teilweise sogar miteinander verwandt waren: Björgólfur Guðmundsson war bis Ende der Achtzigerjahre ein ganz normaler isländischer Unternehmer, der hier und da mal ein Affärchen überstehen musste und ganz anständig verdiente. Bis er Anfang der Neunzigerjahre beschloss, zusammen mit seinem Sohn Björgólfur Thor Björgólfsson – der zu diesem Zeitpunkt eine Reykjavíker Disco managte – eine halb kaputte Getränkefabrik von Island nach St. Petersburg zu verfrachten und dort unter dem Markennamen *Bravo* Alkopop-ähnliche Erfrischungsgetränke herzustellen. Wenig später gelang Vater und Sohn der Einstieg in den wachsenden russischen Biermarkt, auf dem sie so erfolgreich waren, dass Heineken ihnen den ganzen Laden keine zehn Jahre später für 400 Millionen Dollar abkaufte. Ungefähr zur selben Zeit hatten sie

sich einen großen Anteil an der frisch privatisier-
ten *Landsbanki* gesichert. Björgólfur Guðmundsson
war der zweite isländische Milliardär. Nur sein Sohn
Björgólfur Thor war schneller als er und gilt aufgrund
seiner Investments unter anderem im Pharmabereich
heute noch als der reichste Isländer, wohingegen die
Pleite von *Landsbanki* seinen Vater mitriss.

Auch in den wichtigsten politischen Ämtern tauchten
immer dieselben Gesichter auf. Geir Haarde, seit 2006
Ministerpräsident, hatte zuvor das Amt des Außen-
und das des Finanzministers bekleidet; der neue
Finanzminister Árni Mathiesen war zuvor Fische-
reiminister gewesen. Davíð Oddsson, Ministerpräsident von 1991 bis 2004, wurde nach einem kurzen
Gastspiel als Außenminister Chef der isländischen
Notenbank, andere ehemalige Minister kamen in den
Aufsichtsräten der Banken unter. Fast zwanzig Jahre
glich die isländische Politik einer Reise-nach-Jeru-
salem spielenden Geburtstagsgesellschaft von Männern, die sich schon ewig kannten – mit dem Unterschied, dass bei diesem Spiel jeder einen neuen
Chefsessel bekam, wenn die Musik ausging.

Bis zu einem gewissen Grad ist so eine Klüngel-
bildung unvermeidbar, wenn ein Land mit 330 000
Einwohnern alle Aufgaben einer modernen arbeitsteiligen Nation übernehmen muss. Im Gegensatz
zu Deutschland, wo oft das Fachidiotentum beklagt

wird, hat Island ein Problem mit Dilettantismus. Die Menschen sind fleißig und tatkräftig, übernehmen aber manchmal Aufgaben, von denen sie einfach nichts verstehen. So ist die Geschichte der isländischen Krise auch die Geschichte des gescheiterten Versuchs, mit den traditionellen Mitteln und Ressourcen eines Kleinstaats international zu agieren.

Ein weiterer Grund dafür, dass ein Bankensystem entstehen konnte, in dem weniger Regeln zu gelten schienen als bei einem Schwimmbadbesuch, ist die Tatsache, dass es den Isländern noch nie Spaß gemacht hat, ihre Mitmenschen zu kontrollieren oder zur Vorsicht zu mahnen. So europäisch Island in seinem kulturellen Leben und mit seinem Sozialstaat sein mag, so sehr haben die Isländer auch den amerikanischen *frontierism* verinnerlicht, den Drang, immer wieder mutig zu neuen Grenzen vorzustoßen. Was war dieses finanzielle Risiko schon im Vergleich zu dem, was die Vorfahren gewagt hatten, die norwegischen Siedler, die sich vor über tausend Jahren auf den Weg nach Island gemacht hatten, ohne genau zu wissen, wo es überhaupt lag?

Bis heute ist die isländische Kultur von dieser Pioniermentalität geprägt. Immer wieder suchen die Isländer die Herausforderung, schätzen Risiko höher als abwägende Vorsicht, Unabhängigkeit höher als Kontrolle: Wenn man sich von Obrigkeiten reinreden lassen wollte, hätte man ja gleich in Norwegen bleiben können.

Wie für die Bank *Glitnir* wurde auch für diese wirtschaftlichen Pioniertaten ein Name gefunden, der eine sprachliche Brücke zur Vergangenheit schlägt: *útrás,* wörtlich: Ventil, Ausbruch, Herauslaufen. Ein Wort, das an Wikingerüberfälle erinnert, heute allerdings etwas harmloser mit Internationalisierung übersetzt wird. *Útrás* stand für den von Pragmatismus und Risikowillen angetriebenen Wunsch, zu den Gewinnern der Globalisierung zu gehören. Folgerichtig hießen die isländischen Investoren, die im Ausland Firmen kauften, fortan: *útrás*-Wikinger.

»Es fällt uns leicht, etwas zu riskieren, uns vorzuwagen, wo andere zögern«, sagte Präsident Ólafur Ragnar Grímsson 2006 in einem Grußwort an die Gesellschaft der isländischen Historiker. Ein Jahr zuvor sprach er vor Geschäftsleuten in London von einer isländischen »Tradition des Entdeckens und Erforschens, die sich schon in den mittelalterlichen Sagas findet.« In diesem Wikingergeiste seien auch die heutigen Businessaktivitäten der Isländer zu sehen.

Das half, einige Bedenken zu zerstreuen: Die isländischen Investoren tätigten ihre Firmenkäufe also nicht aus neoliberalem Zeitgeist, sondern aus Traditionstreue! Das, was gemeinhin unter einschüchternden Namen wie Private Equity firmierte, wurde in einen historischen Kontext gesetzt und bekam etwas Heimeliges.

Präsident Grímsson ist wohl die tragischste Figur in diesem ganzen Spiel. Als Professor für Politologie ist er weit über die Kreise seiner Partei hinaus hoch angesehen. Ich war – in Island ist das keine Besonderheit – einmal bei einem Empfang auf seinem Amtssitz Bessastaðir eingeladen. Ohne jegliche Art von Sicherheitskontrolle ging ich einfach zum Eingang der ehrwürdigen Holzvilla und öffnete die Tür. Anstelle von Sicherheitskräften empfingen mich eine Hausdame und ein Diener, und neben ihnen stand auch schon der Präsident. Wenig später unterhielten wir uns bei Kaffee und Marzipangebäck über einige isländische Autoren, die ich übersetzte, und es überraschte mich, wie gut Ólafur Ragnar Grímsson sich in ihren Werken auskannte. Dann führte Ólafur Ragnar mich zusammen mit anderen Gästen ins Obergeschoss seines Amtssitzes und zeigte uns eine kleine Ausstellung mit den Geschenken, die Island in den letzten Jahrzehnten bei Staatsbesuchen bekommen hatte, darunter eine pompöse Tischuhr aus der Sowjetunion, die nie funktioniert hatte. Ich kann nur jedem Land einen derart klugen Menschen und humorvollen, offenen Gesprächspartner als Präsidenten wünschen. Nun war er, wahrscheinlich in der festen Überzeugung, das Beste für sein Land zu tun, vom linken Intellektuellen zum Festredner der Neoliberalen geworden und verlieh einigen *útrás*-Wikingern sogar noch auf dem Höhepunkt des Wahnsinns den Falkenorden, das isländische Pendant zum Bundesverdienstkreuz. Einer der letzten Manager, den Grímsson auszeichnete, war *Kaupthing*-Aufsichtsratsvorsitzender Sigurður Einarsson, nach dem Interpol seit Mai 2010 mit einem internationalen Haftbefehl fahndet. Im letzten *áramótaskaup,* dem satirischen Jahresrückblick des öffentlich-rechtlichen Fernsehens, wurde ein Kind gezeigt, das Cornflakes in eine Schüssel schüttet, in die plötzlich ein Falkenorden fällt. Dazu sagt eine Stimme aus dem Off: »Der Falkenorden, jetzt in jeder dritten Packung.«

Die Mehrheit der Isländer nahm das neureiche Gehabe der *útrás*-Wikinger kopfschüttelnd zur Kenntnis – große Proteste blieben hingegen aus. Die Freude über das Wir-sind-endlich-wer trug sicher dazu bei, dass sich nur wenige daran störten, dass Island inzwischen für Banken bürgte, die größer waren als der Staatshaushalt. Auch dass es vielleicht nicht an der Effizienz der unbürokratischen Isländer lag, dass sie so schnell so viele Firmen kaufen konnten, sondern daran, dass ihre erfahreneren ausländischen Konkurrenten nicht bereit waren, so hohe Preise zu zahlen, kam kaum jemandem in den Sinn. Die Flachbildfernseher, Heimkinos und Designerküchen, die der Boom in viele Häuser brachte, führten ebenfalls nicht zu antikapitalistischen Aktionen.

Auch ich hatte nichts geahnt. Mein Freund Halldór E. hatte schon seit Jahren gesagt, dass den Isländern der ganze *útrás* eines Tages um die Ohren fliegen werde, doch ich antwortete nur: »Ja, ja, sicher«, und dachte an etwas anderes. Auch ich war beeindruckt davon, wie es den Isländern gelang, gleichzeitig reich und beliebt zu werden. Die Isländer sprachen gutes Englisch und hatten sich dennoch die Liebe zur eigenen Sprache und Literatur bewahrt, sie arbeiteten viel, ohne ihren Ruf als cooles, trinkfreudiges Partyvolk zu verlieren. Was unter kritisch denkenden Europäern gemeinhin als unvereinbar galt, schien in Island auf magische Weise zusammenzupassen:

Eine wettbewerbsorientierte Wirtschaft in einer Gesellschaft, die Bildung und Chancen für alle bot. Menschen, die ihrer Heimat und ihren Traditionen treu waren und dabei, wenn nicht gar *damit* Erfolg hatten in einer globalisierten Welt.

Hier am Polarkreis hatte er sich also versteckt, der Kapitalismus mit Vollbeschäftigung, das Wachstum ohne Abgehängte! So ist im Herbst 2008 nicht nur die isländische Wirtschaft in sich zusammengefallen, sondern auch eine Lieblingsmetapher der Globalisierungsoptimisten.

Als die Krise einen Monat alt war, fuhr ich nach Island. Schon im Flugzeug wurde ich nervös. Hatte das

Land, in das ich kommen würde, noch etwas mit dem Island zu tun, das ich seit dreißig Jahren kannte? Fast wie besessen suchte ich nach Anzeichen für die Krise, belauschte die Gespräche der Isländer um mich herum, versuchte in den routinierten Handgriffen der Stewardessen eine Veränderung zu sehen und achtete genau darauf, wie das Essen schmeckte. Aber da war nichts. Die Leute redeten, wie sie immer redeten, die Stewardessen sahen aus wie immer und servierten ein Fischgericht, das wie immer schmeckte. Und so sehr ich auch damit rechnete, spätestens auf der Fahrt vom Flughafen in die Stadt etwas zu entdecken, das symbolisch für den ganzen Zusammenbruch stand – ich fand nichts. Die einzige Veränderung, die ich sofort bemerkte, war der riesige Massagesessel, der neuerdings in dem kleinen Wohnzimmer meines Freundes Halldór E. stand. Er hatte einige Werbeanzeigen für diese Sessel entworfen, doch nun fehlte den Leuten, die sie importierten, das Geld, und sie hatten ihn für seine Arbeit mit einem dieser vibrierenden, knetenden Ledermonster bezahlt.

Ansonsten schien auf der Oberfläche alles wie immer. Die luxuriösen Geländewagen fuhren weiterhin durch die Straßen – nur dass ich ihre Besitzer nun nicht mehr für reich hielt. Stattdessen dachte ich immer wieder an das Foto eines Luxusjeeps, das im Internet kursierte: Es zeigte einen *Range Rover*, dessen Schriftzug auf der Motorhaube ein isländischer Grafiker in *Game Over* geändert hat. In wie vielen dieser Jeeps saßen Leute, die nun ums nackte Überleben kämpften, weil sie nicht nur für ihr Auto, sondern auch für ihr Haus einen Kredit in Euro oder Schweizer Franken abstottern mussten, der seit dem Absturz der isländischen Krone den Wert der Immobilie um ein Vielfaches überstieg? Als ich an einem Montagvormittag ins Schwimmbad ging, hatte ich plötzlich den Eindruck, dort sehr viel mehr junge Leute zu sehen als sonst. Waren das alles gefeuerte Banker? Wie den meisten Isländern fiel es auch mir in diesen ersten Monaten schwer, zwischen wirklichen Folgen der Krise und persönlicher Wahrnehmung zu unterscheiden. Nur langsam begriff ich, dass ich nie das eine allgemeingültige Symbol finden würde, das mir das Ausmaß der Krise deutlich machte. Ich musste mir mein neues Islandbild aus den Schicksalen vieler einzelner Menschen zusammensetzen, von denen manche kaum betroffen waren, während andere um ihre Existenz kämpften. Nur eins hatten sämtliche Isländer gemeinsam: Alle hatten Angst. Niemand wusste, was die Zukunft bringen würde.

Zu den Hiobsbotschaften aus dem eigenen Land kamen Berichte, dass man in Dänemark keine isländischen Kreditkarten mehr akzeptierte und dass einige englische Gastwirte Isländer aus ihren Pubs geworfen hatten. Auch wenn diese Berichte vielleicht gar nicht stimmten, trafen sie die Isländer an der empfindlichsten Stelle, ihrem nationalen Selbstbewusstsein. Ähnlich wie Dänemark nach dem Karikaturenstreit, musste sich Island nun daran gewöhnen, im Ausland nicht immer nur für positive Dinge bekannt zu sein. Im Schockzustand der ersten Wochen schoben viele Isländer – inklusive der Regierung – sämtliche Schuld auf die Briten, die alle *Landsbanki*-Guthaben in Großbritannien eingefroren hatten. Auf der Haupteinkaufsstraße Laugavegur sah ich in jenem November ein Schaufenster, das komplett mit dem Satz beklebt war: »Thank you, Gordon Brown, for ruining the Icelandic economy«.

Es sah so aus, als würden die Isländer sich in eine kollektive Opfermentalität hineinsteigern, alle Schuldigen im Ausland suchen und die Verantwortlichen im eigenen Land davonkommen lassen.

Doch es kam anders. Sobald der erste Schock überwunden war, gingen die Isländer auf die Straße. Sonnabend für Sonnabend versammelten sie sich vor dem Parlamentsgebäude. Auf dem Austurvöllur, der noch im Sommer an den heißesten Tagen für den Autoverkehr gesperrt worden war, damit die Restaurants draußen mehr Tische aufstellen konnten, schlugen nun Demonstranten mit Kochlöffeln auf Töpfe und Pfannen und forderten den Rücktritt der Regierung. Die Woche für Woche anwachsende Menge stellte einen Querschnitt durch die Bevölkerung dar: Familien, Kinder, junge Autonome, Studenten, Unternehmer, Rentner – alle kamen und trommelten; Schriftsteller, Philosophen und Wissenschaftler hielten Reden. Die so genannte Kochtopfrevolution hatte ihren Lauf genommen, im Nu gab es bei IKEA keine Kochlöffel mehr.

Manchmal versuchte eine gewalttätige Minderheit, die Proteste zu missbrauchen, indem sie nicht nur Farbbeutel, *Skyr* und Eier warf, sondern auch mit Urin gefüllte Plastiktüten und Steine. Die Polizei war für solche Situationen kaum ausgerüstet, manche Polizisten mussten sich mit Motorradhelmen schützen. Die Zeitungen zeigten bekleckerte Polizisten im Nahkampf mit vermummten Demonstranten, ein Chaos aus Schildern, Plakaten und Fäusten, direkt vor dem Parlament! Die Polizei setzte Tränengas ein – ein für Island unglaublicher Vorgang, gerade wenn man bedenkt, dass sich Demonstranten und Polizisten teilweise persönlich kannten. Doch nun zeigten die Isländer sich von ihrer besten Seite. Die große friedliche Mehrheit wartete nicht darauf, dass irgendeine Obrigkeit etwas gegen die Steinewerfer unternahm. Sobald Steine flogen, stellten sich Demonstranten kurzerhand vor die Polizisten, um klarzumachen, dass sie es nicht zuließen, dass die Misere auf ihrem Rücken ausgetragen würde. Viele kleideten sich orange, um zu zeigen, dass sie Gewalt ablehnten, und wenn in der Kirche neben dem Parlament eine Trauerfeier stattfand, ließen die Demonstranten ihre Töpfe ruhen.

Die beliebteste Parole war die von der »unfähigen Regierung«. Auch »Davíð weg!« riefen die Demonstranten immer wieder, was Außenstehende überraschen mag, sollte man doch annehmen, dass die Isländer, um einen Rücktritt der Regierung Geir Haarde zu erreichen, am ehesten so etwas gerufen hätten wie »Geir muss weg«. Und doch wurde Davíð Oddsson, der 2008 »nur« Notenbankchef war, zur Symbolfigur der Krise, denn er war es gewesen, der als Ministerpräsident das Land durch die komplette Ära der Liberalisierungen geführt hatte.

»Davíð burt« – »Davíð weg!« lautete also die Parole. Aber Davíð blieb. Ebenso wie Ministerpräsident Haarde. Doch die Demonstranten ließen sich nicht entmutigen, im Gegenteil, es kamen immer mehr, bis ihre Zahl schließlich die Zehntausend überstieg. Anfang 2009 hatten die Proteste endlich Erfolg. Am 26. Januar kündigte Geir Haarde die Zusammenarbeit mit dem kleineren Koalitionspartner, der sozialdemokratischen Partei *Samfylkingin*, und trat zurück. Die Sozialdemokratin Jóhanna Sigurðardóttir übernahm vorläufig die Amtsgeschäfte und brachte eine Gesetzesänderung auf den Weg, die es möglich machte, Oddsson seines Amtes zu entheben. Nun war Davíð weg. Inzwischen ist Davíð wieder da, doch dazu später mehr.

Den für April 2009 anberaumten Neuwahlen fieberten die Isländer mit Spannung entgegen. Wie es der Zufall wollte, war ich am Wahltag in Reykjavík. Es war ein milder Frühlingsnachmittag, den ich im *Laugardals-Bad* verbracht hatte, so mild, dass ich beschloss, am Meer entlang einen Spaziergang zu meinen Freunden Pétur und Bjössi im Stadtzentrum zu machen, mit denen ich den Wahlabend vor dem Fernseher verbringen wollte. Nach einigen Hundert Metern fiel mir auf, dass mich dieser Spaziergang an fast allen Orten vorbeiführen würde, die in der Krise eine Rolle gespielt hatten: Erst kam ich an der Zentrale von *Glitnir* vorbei, dann an der von *Kaupthing*, beide mit prächtigem Blick auf Bucht und Berge. Ein paar Hundert Meter weiter passierte ich das auf dem Höhepunkt des Booms gebaute Bürohochhaus Höfðatorg, einen Glasfassadenturm, in dem kaum jemand arbeitet. Als Nächstes kam ich an der Polizeiwache am Busbahnhof Hlemmur vorbei, einem in die Jahre gekommenen Amtsgebäude mit einer auffällig neuen Tür – die alte hatten die Demonstranten eingetreten. Es folgte die Einkaufsstraße Laugavegur, auf der sich nun fast jedes Geschäft mit »Tax free shopping«-Fahnen und englischsprachiger Werbung an die steigende Anzahl von Einkaufstouristen wandte, und dann der Amtssitz des Ministerpräsidenten in unmittelbarer Nachbarschaft der Notenbank – kaum drei Monate war es her, dass auch hier aufgebrachte

Demonstranten auf ihre Töpfe geschlagen hatten. Man sollte diesen Finanzkrisen-Lehrpfad komplett unter Denkmalschutz stellen.

Wie erwartet kam es bei der Wahl zum größten Linksruck der isländischen Geschichte. Die Unabhängigkeitspartei von Oddsson und Haarde bekam ihr schlechtestes Ergebnis, Interims-Ministerpräsidentin Sigurðardóttir war nun offiziell gewählt: eine Mittsechzigerin mit langem weißem Haar und rotem Lippenstift, die mit einer Frau zusammenlebt. In normalen Zeiten wäre eine lesbische Ministerpräsidentin eine der netten Nachrichten gewesen, die beweisen, wie fortschrittlich Island ist. In dieser Krise jedoch sahen viele in der Wahl die bewusste Abkehr vom Klüngel der – heterosexuellen – Männer, die mit ihren Global-Player-Ambitionen so grandios gescheitert waren.

Da in Island angenehmerweise sonnabends gewählt wird, wurde es eine lange Nacht, die sich von normalen Reykjavíker Sonnabenden dadurch unterschied, dass wir, nachdem wir vor dem Fernseher Jóhanna Sigurðardóttirs Siegesansprache gehört und dabei einige Biere getrunken hatten, nicht auf eine normale Party gingen, sondern auf die Wahlparty der Linksgrünen im *Kaffi Reykjavík*. Es war ein merkwürdiger Abend. Obwohl die Getränke etwas kosteten, schienen die Gäste – selbst für isländische Samstagnachtverhältnisse – über Gebühr betrunken zu sein. Noch nie hatten die Linksgrünen so viele Stimmen bekommen, und doch hatte ich den Eindruck, dass sich niemand richtig freute. Sie wirkten nicht wie strahlende Wahlsieger, sondern eher wie Matrosen, die auf einem in Seenot geratenen Schiff ihren Dienst antraten. Schon in der Wahlnacht schien ihnen vor den kommenden Aufgaben zu grauen: Alle wesentlichen Fragen waren weiterhin unbeantwortet: Wer trug die Verantwortung für das, was passiert war? Wo hatten diese Verantwortlichen kriminell gehandelt, wo waren sie einfach nur inkompetent gewesen?

Während die juristische Aufarbeitung der Bankenkrise weiterging, rückte die Kochtopfrevolution langsam in die Ferne. Es gab sogar schon einen Aufruf des Nationalmuseums nach Töpfen und Transparenten, die bei der Revolution benutzt wurden. Die ehemaligen isländischen Milliardäre ließen sich kaum noch blicken. Nur der alte, bankrotte Björgólfur Guðmundsson hielt sich noch in seinem Haus mit Blick auf das Reykjavíker Laugar-Tal auf. Der Mercedesjeep vor der Tür war angeblich auf seine Frau zugelassen. Bei meinen damaligen Islandaufenthalten hatte ich in seiner Nachbarschaft gewohnt und ihn einige Male getroffen, als er abends mit seinen beiden weißen Highlandterriern Gassi ging. Er grüßte auffallend freundlich. Sein Leibwächter auch.

Vieles war nun wieder wie in den Achzigerjah-
ren: Die Inflation war zweistellig, der Staat kontrol-
lierte die Banken und rationierte Devisen. Wenn sie
jetzt noch das Bier wieder verbieten würden, könnte
man denken, die Isländer wollten mit der Globalisierung noch einmal von vorn anfangen.

Dass Island einen gewissen Modellcharakter haben könnte, sprach sich schnell herum und führte
dazu, dass sich die Chefrepräsentanten verschiedens-
ter politischer Richtungen in Reykjavík die Klinke
in die Hand gaben: Nobelpreisträger Joseph Stiglitz
kam ebenso wie der Dalai Lama, Slavoj Zizek wusste
genau Bescheid, Antonio Negri hatte sein Empire
dabei, und David Lynch schlug vor, die Krise einfach wegzumeditieren: Schon wenn ein Prozent der
Isländer meditierten, könnte die ganze Nation erleuchtet werden.

Bei den Kommunalwahlen im Frühjahr 2010 setzte
sich allerdings eine ganz andere Art von Weltanschau-
ung durch, nämlich diejenige, es zwischenzeitlich erst
einmal mit Galgenhumor zu versuchen. Jón Gnarr,
der bekannteste isländische Komiker, trat mit seiner
Spaßpartei *Besti Flokkurinn* bei den Kommunalwahlen an. Viele hielten das für einen Witz, und als solcher war die Kampagne wohl auch gedacht. Die *Beste
Partei* versprach im Wahlkampf, nur sich selbst zu be-
reichern, das Parlament bis 2020 drogenfrei zu machen und erklärte: »Wir können mehr versprechen

als die anderen Parteien, weil wir ohnehin nicht vorhaben, es zu halten.« Desillusioniert von der Vetternwirtschaft gaben 34 Prozent der Reykjavíker der Partei ihre Stimme. Die *Besti Flokkurinn* wurde stärkste Kraft, Jón Gnarr ist nun Bürgermeister der isländischen Hauptstadt und ein lebender Beweis dafür, dass das Misstrauen in die etablierten Parteien noch lange das politische Leben bestimmen wird. Nur ein Schelm würde sich hier an die Wahl des Londoner Bürgermeister Boris Johnson erinnert fühlen.

Die Krise wird in Island noch lange das alles bestimmende Thema bleiben. Wobei es eigentlich nicht eine Krise gibt, sondern zwei.

Die eine Krise hat die Isländer erfasst, die ihren Job verloren haben und zum Teil nur durch den starken Familienzusammenhalt vor dem Absturz bewahrt wurden. Diese Krise hatte Architekturbüros, Bauunternehmer und Autohändler über Nacht ruiniert und viele Privatleute schwer getroffen. Ein guter Freund von mir verlor seinen Job als Betriebswirt bei einer Computerfirma, fand eine neue Stelle in England und pendelt seitdem jedes Wochenende über zweitausend Kilometer mit dem Flugzeug zu Frau und Kindern nach Hause. Eine Verwandte hatte sich kurz vor dem Zusammenbruch von ihren ganzen Ersparnissen eine Wohnung in einem Neubau gekauft. Als sich wenige Monate später gravierende

Baumängel zeigten und die Fassade schon vor den ersten Winterstürmen fast zur Hälfte abfiel, waren Bauherr, Bauunternehmer und deren Versicherungen pleite. Die Eigentümer hatten den Schaden und mussten fortan in einem Haus wohnen, das von innen mit den besten Materialien in minimalistischem Zen-Schick eingerichtet war, während die Fassade mehr und mehr den Eindruck erweckte, das Gebäude sei noch im Rohbau. Ihre Tochter Dísa hatte eine Woche vor dem großen Zusammenbruch mit ihrer Familie ein neues Haus gekauft. Für ihr altes Haus hatte sie bereits einen Käufer gefunden, der im Zuge der Krise allerdings zurücktrat, sodass sie nun mit einem riesigen Überbrückungskredit und zwei Einfamilienhäusern dastand. Viele Isländer sind auf ähnliche Weise von der Krise erwischt worden, und nicht alle hatten ein derartiges Glück wie Dísa, die für eines der Häuser einen zahlungskräftigen Mieter fand: die japanische Botschaft.

Viele neureiche Leute mit auf Pump finanzierten Riesenvillen, aber auch junge Familien mit ihren ersten bescheidenen Wohnungen standen vor großen Schuldenproblemen, insbesondere wenn sie sich blauäugig auf Fremdwährungskredite eingelassen hatten. Früher hätte man einfach mehr gearbeitet, um alles abzuzahlen, doch diese Möglichkeit bot sich nun nur noch den wenigsten.

Aber es gab auch andere Geschichten. Verlage und Buchhandel waren nicht von der Krise betroffen. Sie verkauften sogar mehr Bücher, insbesondere die teuren gebundenen, die bei den Isländern schon immer als repräsentative und trotzdem bezahlbare Geschenke beliebt waren.

Während es früher üblich gewesen war, zum Weihnachtsshopping nach Glasgow oder Kopenhagen zu fliegen, gaben die Isländer nun zwar weniger Geld aus, aber das dafür wenigstens im eigenen Land. Davon profitierte wiederum die Gastronomie, die sich außerdem über die nach dem Absturz der Krone gestiegenen Touristenzahlen freute.

Und auch die Arbeitslosen steckten den Kopf nicht in den Sand. Eine Gruppe von Architekten, Handwerkern, Designern und Tüftlern, die ihren Job verloren hatten, bauten das ehemalige Kraftwerk Toppstöðin zu einem Zukunftslabor aus und arbeiteten dort beispielsweise an ökologischen Verkehrskonzepten.

All das reichte nicht, um den enormen volkswirtschaftlichen Schaden auszugleichen, führte aber zumindest dazu, dass der Einbruch geringer war als befürchtet, und sorgte dafür, dass die Isländer, die nicht von Arbeitslosigkeit oder Privatinsolvenz betroffen waren, zwar Lohn- und Rentenkürzungen hinnehmen mussten, aber weiterhin einigermaßen zurechtkamen.

Wenn da nicht eine zweite Krise wäre, die ausnahmslos alle Isländer getroffen hatte: die Krise
der isländischen Mentalität. Diese Krise war eine
Mischung aus Zukunftsangst und Wut und Scham,
die es den Isländern schwer machte, mit dem für sie
sonst so typischen Optimismus nach vorn zu schauen.
Sie wurde durch die Medien verstärkt, die – gerade
weil sie vor der Krise so unkritisch gewesen waren –
nun ein Horrorszenario nach dem anderen entwar-
fen. Alle Schwarzmalereien zusammen genommen,
müsste Island inzwischen zwanzig Prozent Arbeitslosigkeit haben (in Wahrheit sind es, Ende 2010, neun
Prozent) und weder Devisen für Benzin noch für
Medikamente aufbringen können. Auch Dinge, die
sich gar nicht verändert hatten, wurden nun als negative Zeichen gedeutet. So hatte mir zum Beispiel
eine Bekannte von einer Umfrage erzählt, laut der
fast fünfzig Prozent der jungen Isländer prinzipiell
bereit wären, ins Ausland zu gehen. Sie fand das
entsetzlich. Es schien ihr ein weiterer Beweis dafür,
wie schlimm die Lage sei und was für eine Abwanderung dem Land bevorstehe. Nun hatte allerdings
auch vor der Krise eine ähnliche Anzahl der jungen
Isländer diese Frage so beantwortet. Damals galt das
als gute Nachricht, als Zeichen für Flexibilität und
Weltoffenheit. Unter Studenten, Facharbeitern und
Ärzten war es schon lange üblich, eine Zeit lang ins
Ausland zu gehen, doch sobald sich in Island ein ge-

eigneter Job fand, sind die meisten noch immer zurückgekehrt – mit einer Menge neuer Ideen im Gepäck. Ich würde mir erst wirklich Sorgen machen, wenn die Isländer sagten, dass sie lieber arbeitslos zu Hause herumhängen würden, als für ein paar Jahre nach Norwegen oder Kanada zu gehen.

Ein weiteres Problem war, dass viele Isländer dachten, das Ausland halte sie nun allesamt für Ganoven. Nachdem Banken und Politik immer wieder betont hatten, wie organisch sich der Aufschwung der Finanzindustrie aus der isländischen Mentalität und Kultur ergebe, fürchteten viele, dass das Ausland nun denken könnte, alle Isländer seien an der Finanzkrise schuld. Doch diese Angst, wie wir Ausländer sicherlich gern bestätigen werden, ist nun wirklich übertrieben.

Doch natürlich handelte es sich bei der Krise nicht um eine kollektive Hysterie, die jeglicher faktischen Grundlage entbehrte. Im Sozial- und Gesundheitswesen hat es empfindliche Einschnitte gegeben, und wahrscheinlich stehen den Isländern hier in den nächsten Jahren weitere Sparmaßnahmen bevor. Und in welchem Maße der Staat auch in Zukunft den überschuldeten Haushalten unter die Arme greifen kann und wird, bleibt ebenfalls offen. Es sind diese Unsicherheiten, die dafür sorgen, dass es bis dato keinem richtig gelingen mag, die schlechte Stimmung zu überwinden.

Noch scheinen sowohl Utopie als auch Dystopie zum Greifen nahe. Die Anzeichen mehren sich allerdings, dass die Isländer gute Bedingungen für den Wandel geschaffen haben. Da die Krise Island als Erstes traf, kann das Land vielleicht auch zum Symbol dafür werden, wie man durch harte Arbeit und die richtigen politischen Weichenstellungen wieder auf die Beine kommt. Island hat eine wachsende, gut ausgebildete Bevölkerung, den besten Fisch der Welt und Energiereserven, von denen das Land bisher nur ein Prozent nutzt – ein enormes Potenzial, um eines Tages der größte ... doch selbst, wenn man mit Superlativen derzeit etwas vorsichtiger ist, für 330 000 Leute wird es schon reichen.

Wer weiß, vielleicht wird diese Krise irgendwann sogar als wichtiges Wachstumsmoratorium auf dem Weg zur vollwertigen Nation gesehen werden. Dann könnten die Isländer langsam weiterträumen, von der Machbarkeit einer heimatverbundenen Globalisierung. Und wir mit ihnen.

Natur

Als der englische Lyriker W. H. Auden 1936 Island besuchte, schrieb er ein Gedicht, in dem er sagte, dass es in Island zwar keine Eisenbahn, kein Gemüse und weder Kultur noch Architektur gebe, er das Land aber trotzdem möge, weil hier so wenig Menschen lebten.

Nun hat Island in Sachen Kultur und Lebensmittelversorgung seit den Dreißigerjahren einige Fortschritte gemacht, und doch stimmt es bis heute: Die meisten Touristen besuchen Island wegen der endlosen unbewohnten Weiten, wegen der Natur. Jeden Sommer rumpeln mit Eispickeln und Wanderausrüstung beladene VW-Busse in Seyðisfjörður von der

Fähre *Norröna*, pumpen Tausende Touristen gleich
am Flughafen in Keflavík die Reifen ihrer Mountain-
bikes wieder auf und radeln geradewegs in die Landschaft hinein. Das Gros der Islandtouristen sind Bal-
lungsraumbewohner, die nach Landschaften suchen,
in denen Leere und Ruhe die Hauptattraktionen
sind, nach Orten, wo man aus allen Flüssen trinken
kann und möglichst nur selten wortkargen, wetter-
gegerbten Einheimischen begegnet. Sie suchen nach
von der Mitternachtssonne beglänzten Fjorden und
Tälern, die darauf warten, so fotografiert zu werden,
als sei es das erste Mal.

Die Isländer hingegen waren ihrer Natur gegenüber jahrhundertelang ziemlich unsentimental ein-
gestellt. In Island gab es keine Städte und kein Bür-
gertum, das in der Romantik seine Liebe zum Wald
entdeckte – es gab noch nicht einmal Wald, schon
die ersten Siedler hatten alles abgeholzt. Die Natur,
das waren auch im neunzehnten Jahrhundert noch
Stürme, die das Fischen unmöglich machten, und
sommerlicher Hagel, der die Ernte zerstörte. Fjorde
und reißende Flüsse waren nicht pittoresk, sondern
unüberbrückbare Hindernisse, die ganzen Generationen von Isländern gefährliche Umwege über Gletscher und Gebirgspässe aufzwangen. Zwar gibt es
schon in der *Saga von Njáll* Beispiele dafür, dass die
Natur auch damals als schön wahrgenommen wurde,
doch sie sind äußerst selten. Jahrhundertelang taten

die Dichter wenig dafür, die Isländer für die Schönheiten ihres Landes zu begeistern. Kein Paul Gerhardt schrieb 1653 »Narzissus und die Tulipan, die ziehen sich viel schöner an als Salomonis Seide«, kein Goethe dichtete 1780 »Über allen Gipfeln ist Ruh«. Erst Jónas Hallgrímsson versuchte, ab 1830 mit seiner Lyrik eine Art poetische Naturbegeisterung zu entfachen – bei einer Bevölkerung, die damit beschäftigt war, täglich gegen diese Natur anzukämpfen, stieß dies jedoch anfangs auf geringe Resonanz.

Die Isländer sind immer Siedler gewesen, keine Ureinwohner wie die Grönländer. Es ist ihnen nie richtig gelungen, sich der Natur anzupassen, geschweige denn, ein harmonisches Verhältnis zu ihr zu entwickeln. Die Isländer sind von dem Zwang geprägt, der Natur ihr Leben abtrotzen zu müssen. So ist auch die Erfolgsgeschichte Islands im zwanzigsten Jahrhundert im Wesentlichen eine Geschichte davon, wie es endlich gelungen ist, die Natur zumindest einigermaßen zu beherrschen. Jede Straße, jede Brücke war ein Sieg, jeder Betonbau ein Triumph über die klimatischen Bedingungen, die alle Holzhäuser im Nu verfaulen ließen.

Bis heute sind den Isländern die Gefahren ihrer Natur sehr bewusst. Jeden Sommer sterben Urlauber, die sie unterschätzen, sei es, weil sie auf den Schotterpisten zu schnell fahren oder weil sie in milder Morgensonne, mit T-Shirt und kurzer Hose bekleidet, zu Bergwanderungen aufbrechen und von Nebel und Schnee überrascht werden. Jeden Winter fegen Stürme Autofahrer von den Straßen. Erdbeben gibt es fast jeden Tag. Die meisten werden nur von Seismografen registriert, doch einmal pro Jahr gibt es ein Beben der Größe fünf oder sechs, und es ist nur der erdbebensicheren isländischen Bauweise zu verdanken, dass sie keine Opfer fordern. Am 17. Juni 2000 bebte die Erde in Südisland mit 6,6 auf der Richterskala, bei meinem Onkel Níels in Reykjavík fielen Regale um. Bis heute gibt es kaum einen Isländer, der sich ein Bild mit schwerem Rahmen über das Kopfende des Bettes hängt.

Es wundert also nicht, dass ein gewisses Misstrauen gegenüber der Natur fortbesteht und eine grundsätzliche Romantisierung von allem Unberührten, wie in Deutschland verbreitet, den Isländern fremd ist. Die isländische Gesellschaft mag durch und durch modern sein, doch der Kampf gegen die Natur ist bis heute nicht gewonnen.

Selbst in Reykjavík ist die Natur immer präsent. Es gibt keinen Ort in der Stadt, von dem aus man länger als zwanzig Minuten fahren müsste, um in der Einsamkeit zu sein. Man ist den tagtäglichen Blick auf die Berge gewöhnt, die Meeresgischt wird vom Sturm über die Ausfallstraßen gepeitscht – eine Formulierung wie »Zurück zur Natur« kommt einem da selbst in der Stadt eher selten in den Sinn.

Die Isländer haben nie den Drang verspürt, sich gegenüber ihren Mitmenschen als ökologische Musterbürger darzustellen, wie man das beispielsweise aus Freiburg kennt. Das Verhältnis der Isländer zu Müll und dessen Trennung ist bis heute eher, wie soll man sagen, entspannt. Altpapiertonnen soll es irgendwo geben, aber da müsste man mit dem Auto hinfahren, und keinem Isländer würde es einfallen, seine Eierschalen und Fischgräten einer Biotonne zuzuführen. Einzig die mit einem geringen Pfand belegten Plastikflaschen werden in vielen Haushalten zugunsten der Sportvereine gesammelt, die in regelmäßigen Abständen ihre D-Jugend durch die Wohnviertel schicken, um sie abzuholen. Bis vor wenigen Jahren gab es in der ganzen Reykjavíker Innenstadt nur einen einzigen Bioladen, *Yggdrasill*, benannt nach der Weltesche aus der altnordischen Mythologie. Es ist wohl einfach nicht nötig, ein großes Brimborium um Natürlichkeit zu machen, wenn der Fisch und die auf ungedüngten Wiesen frei herumlaufenden Lämmer ohnehin »bio« sind, man keine Atomkraft und praktisch keine fossilen Energieträger braucht, um seinen Strom zu erzeugen oder die Häuser zu heizen.

Auch zu Tieren haben die Isländer bei Weitem nicht dieselbe emotionale Beziehung wie die Deutschen. Hundehaltung ist in Reykjavík bis heute eigentlich verboten. Um eine Ausnahmegenehmigung zu bekommen, muss man belegen, dass man genug Geld für Futter und Tierarzt hat. Wer in einem Mehrfamilienhaus wohnt, muss außerdem eine schriftliche Erlaubnis aller Nachbarn einholen, mit denen er sich das Treppenhaus teilt. Tiere einzuführen ist mit noch größerem Aufwand und langer Quarantäne verbunden, da die Isländer eine große Angst vor Tierseuchen haben. Toten Tieren ist die Einreise gleich ganz verboten, noch nicht einmal als Würstchen im Glas dürfen sie hinein, und auch Islandpferde, die die Insel einmal verlassen haben, dürfen nie wieder zurück. Tiere, denen es dennoch gelingt, Island zu betreten, leben gefährlich, wie zwei Eisbären feststellen mussten, die auf Eisschollen im Sommer 2008 aus Ostgrönland an die nordisländische Küste trieben. Der Erste von ihnen wurde schon bald nach Sichtung von der Polizei erschossen, weil Nebel aufzog und die von der Situation etwas überforderten Beamten fürchteten, den Sichtkontakt zu dem Bären zu verlieren. Dass dies vor den Augen einer großen Menge von Schaulustigen stattfand, die den unter den Schüssen zusammensackenden Bären filmten und auf *YouTube* stellten, hatte bei den Tierschützern alles andere als einen guten Eindruck gemacht. Um ein erneutes Image-Desaster zu vermeiden, legten die Nordisländer sich einen Plan für derartige Fälle zurecht, der schon wenige Wochen später in die Tat umgesetzt werden konnte, als eine zwölfjährige Bauerstochter auf etwas zulief, das sie zuerst für einen großen weißen Plastiksack hielt. Als der Plastiksack seinen Kopf hob und sie ansah, lief sie davon, ihre Mutter alarmierte die Polizei. Die wiederum rief nun einen dänischen Eisbärexperten namens Carsten Grøndahl auf den Plan, der eiligst eingeflogen wurde, zusammen mit einem Betäubungsgewehr und seinem neunjährigen Sohn, für den er so schnell keinen Babysitter fand. *Novator*, das neue Unternehmen des letzten verbliebenen isländischen Milliardärs Björgólfur Thor Björgólfsson, versprach in einer Art Charmeoffensive vor dem Hintergrund der Finanzkrise, die Kosten für die Rettung des Bären zu übernehmen. Alles schien sich in Wohlgefallen aufzulösen. Der Eisbärexperte und seine Betäubungspatronen waren da, ein Käfig stand auch bereit, nun konnte es nur noch eine Frage der Zeit sein, bis der Eisbär schlafend nach Grönland zurückgeschafft würde und dort wieder seinem robbentötenden Tagewerk nachgehen könnte. Da Carsten Grøndahl den Bären für ein junges Männchen hielt, gaben die Isländer ihm sogar einen Namen: Ófeigur (der Langlebende). Allerdings ist Betäubungsmunition im Vergleich zu normalen Gewehrkugeln ballistisch äußerst instabil, sodass Grøndahl bis auf dreißig Meter an Ófeigur herankommen musste, um schießen zu können. Darauf ließ der Eisbär sich nicht ein und rannte immer weiter davon, bis er schließlich auf das Meer zuhielt. Dort hätte man ihn zwar treffen können, doch was nützte ein betäubter Eisbär, wenn er in den Fluten des Atlantiks ertrank? Die Polizei fürchtete abermals, den Eisbär aus den Augen zu verlieren, sorgte sich um die Bauern, ihr Vieh, brütende Eiderenten und wandernde Touristen und schoss. Während Braunbär Bruno in sieben Wochen Norditalien, ganz Österreich und halb Bayern zu Gesicht bekam, überlebte Problem-Eisbär Ófeigur in Island nur wenige Tage. Dass sich nach seinem Tod herausstellte, dass es sich nicht um einen gesunden Jungbären, sondern um ein altersschwaches, krankes Weibchen handelte, war ein schwacher Trost.

Die Isländer – ein Volk von Müllsündern, die in ihrer Freizeit am liebsten auf Migrantenbären schießen? Das stimmt natürlich auch nicht. Richtig ist, dass der Umgang der Isländer mit ihrer Natur bislang von Pragmatismus geprägt war. Und dass die Isländer ihre Natur dennoch leidenschaftlich lieben, ist für sie kein Widerspruch. In keiner Zeitung, die ich kenne, finden sich so oft Bilder von Buchten, Bergen und anderen Naturschönheiten wie im *Morgunblaðið*. Bildbände über die isländische Landschaft finden sich in ausnahmslos jedem Haushalt, und kaum ein Volk ist so darauf versessen, jeden Sonnenstrahl zu nutzen: Fischen, Campen, Golfen, Wandern und Skilanglauf sind beliebte Hobbys, und bei den Geschäften und

Friseurläden von Reykjavík ist es nicht ungewöhnlich, an einem schönen Sommertag vor versperrter Tür zu stehen, in der ein hastig handgeschriebenes Schild hängt: »Geschlossen wegen des Wetters«.

Hallgrímur Helgason vergleicht den isländischen Sommer mit einem Kühlschrank, bei dem man die Tür offen gelassen hat: Das Licht ist immer an, das Gefrierfach taut, aber irgendwie sind trotzdem immer nur acht Grad. Ganz so schlimm ist es natürlich nicht. Es gibt durchaus Tage mit zwanzig Grad und mehr, doch es gibt auch viele Wochen im Sommer, in denen es regnet und so wenig von der Landschaft zu sehen ist, dass Reiseleiter meist im Konjunktiv sprechen: »Hinter dieser Nebelwand wäre jetzt…«

Das wechselhafte Wetter, dessen gute Launen man ohne Zögern nutzen muss, ist ein weiterer Grund dafür, dass die Isländer eher spontan als vorausplanend agieren. Bei gutem Wetter müssen alle raus. Sofort. Was gibt es denn auch Schöneres, als bei Sonnenschein durch das weite Land zu fahren, isländische Popmusik zu hören und zu sehen, wie der Himmel im reinstem kühlen Blau erstrahlt und das Licht die Berge in Rot, Gelb und den unterschiedlichsten Grüntönen leuchten lässt? Oder spontan zum Angeln zu fahren, sobald der Wetterbericht einige Tage mit passablem Wetter voraussagt? Ich fahre sehr gern angeln, obwohl ich in all den Jahren noch keinen einzigen Fisch gefangen habe. Darauf kommt es nicht an, es reicht mir völlig, an einem Fluss zu stehen und darauf zu achten, wie der Wind von Minute zu Minute anders in meinen Ohren rauscht, wie das Glucksen des Flusses sich mit dem Brausen der Meeresbrandung in der Ferne vermischt.

Doch auch hier ist der Genuss der Natur schon wieder mit ihrer Beherrschung verbunden, denn wer diese einsamen Welten erreichen will, muss Auto fahren. Es gibt in Island keine Eisenbahn, und das Bussystem ist so alltagsuntauglich, dass es fast nur von Touristen genutzt wird. Jeder, der eine Weile in Island gelebt hat, will ein Auto.

Ein Beispiel dafür, dass auch ein von Pragmatismus geprägtes Verhältnis zur Natur zu bemerkenswerten Umweltschutzanstrengungen führen kann, ist die Wiederaufforstung. Schon in den Zwanzigerjahren, als es eigentlich noch gar kein Umweltbewusstsein gab, gründeten die Isländer erste Vereine zur »Waldaufzucht«, um der vor der Besiedlung gänzlich bewaldeten Insel zumindest einige Bäume zurückzugeben. Seitdem wird von Vereinen, Staat, Privatleuten und Firmen gepflanzt, gepäppelt und gehegt, sodass es inzwischen sogar Wälder gibt, in denen die Bäume so hoch sind, dass ein Spaziergänger nicht über sie hinwegsehen kann; am Flughafen stehen Spendenboxen für die Wiederaufforstung, in die Touristen ihre letzten Kronen werfen können. Auch hier ist es weniger das schlechte Gewissen gegenüber dem Raubbau vergangener Jahre (»Die Natur braucht uns nicht, aber wir brauchen die Natur«), das die Isländer zum Bäumepflanzen bringt. Vielmehr ist die Wiederaufforstung ein praktisches Mittel gegen die Bodenerosion, die in Island ein ernstes Problem darstellt. Dass sich in den neuen Wäldchen der eine oder andere windgeschützte Platz für ein Sommerhaus findet, wird als Nebeneffekt gern akzeptiert.

Ein noch besseres Beispiel für das pragmatische Umweltbewusstsein ist der Umgang mit den Fischereigründen. Zwei Drittel des Geldes, von dem die Isländer leben, kommt aus dem Fischexport. Ohne die tiefgekühlten Schellfischfilets, Dorsche, Steinbutte, Kabeljaus und Lachse, die das Land täglich verlassen, wäre ein modernes Island undenkbar, ein intaktes Ökosystem im Nordatlantik ist also lebenswichtig. So ist es kein Wunder, dass die Isländer in den Jahrzehnten nach dem Zweiten Weltkrieg alles dafür taten, eine 200-Seemeilen-Zone durchzusetzen, in der nur sie fischen durften, und sich dafür sogar auf die Kabeljaukriege mit den Briten einließen.

Jedes Jahr ziehen die Isländer zwei Millionen Tonnen Fisch aus ihren Gewässern. Das ist möglich, weil Fische rund um Island ausgezeichnete Lebensbedingungen vorfinden. Der warme Golfstrom sorgt nicht nur dafür, dass es in Island nie arktisch kalt wird: An den Stellen, wo das warme Wasser des Golfstroms auf den kalten Nordatlantik trifft, entstehen zudem vertikale Strömungen. Kleinste, Phytoplankton genannte Algen wirbeln so aus der Tiefe nach oben, gedeihen im Sonnenlicht und bilden die Nahrungsgrundlage für Krebslarven und Krill, was wiederum den Heringen und anderen vegetarisch lebenden Fischen gefällt, von denen sich dann Raubfische wie Kabeljau und Seelachs ernähren. Das Meer um Island ist ein einziges All-you-can-eat-before-you-get-eaten-Büfett. Um die »fischereiliche Sterblichkeit« nicht zu groß werden zu lassen, führt das Institut für Meeresforschung dauernd Zählungen im Atlantik durch und überwacht auch das Alter der gefangenen Fische. Nimmt der Bestand einer Art zu sehr ab, reduziert das Fischereiministerium die Fangquoten, Gebiete, in denen zu viele Jungfische gefangen wurden, werden gesperrt.

Dann ist da natürlich noch die Sache mit den Walen, um die ich mich bisher etwas herumgedrückt habe, da sie nicht ganz zu meiner These von dem pragmatischen Naturverhältnis der Isländer passt. Bei diesem Thema verhalten sich auch einige isländische Beteiligte ziemlich irrational. Wie wichtig Wale – die über Jahrhunderte nicht nur Essen und Lampenöl lieferten, sondern mit ihren Knochen sogar Baumaterial – für die Isländer waren, zeigt sich bis heute in der Sprache: *Hvalreki* ist ein gestrandeter Wal und ebenso ein großer Glückstreffer, ein Jackpot. Auch als die Hippies in Amerika und Europa bereits Platten mit Walgesängen kauften, konnten die Isländer an diesem Meeressäuger nichts Besonderes finden. Bis in die Achtzigerjahre war die Walfangstation in der Nähe von Reykjavík ein Ausflugsziel. Als ich als Neunjähriger einen Sommer in Island verbrachte, wussten wir einmal nicht, was wir machen sollten, dann schlug jemand vor, dass wir zu der Station im Walfjord fahren sollten, wo gerade ein Wal gefangen worden sei. Als wir eine Stunde später ankamen, hatten sie dem Wal eine Kette um die Schwanzflosse gelegt und ihn auf die Rampe gezogen. Ich hielt mir mit einer Hand die Jacke vor die Nase, gegen den tranigen Gestank aus dem Schornstein, und sah mir die Männer in Ölzeug an, die auf dem toten Wal herumliefen und ihm mit Messern, deren Klingen größer waren als ihre gelben Gummistiefel, in Bahnen die fettgepolsterte Haut von den Knochen schnitten – rot und weiß wie Zahnpasta. Das war meine erste Erfahrung mit »whale watching«. Wie sich herausstellte, war ich gerade noch rechtzeitig gekommen, denn das isländische Parlament hatte beschlossen, keinen Widerspruch gegen die Entscheidung der Internationalen Walfangkommission einzulegen, ab 1986 jeglichen kommerziellen Walfang zu verbieten. Doch nicht alle wollten sich damit abfinden. Island fing weiter-

hin einige Finnwale, angeblich zu wissenschaftlichen
Zwecken. Das rief die militante Umweltorganisation
Sea Sheperd auf den Plan, die im November 1986 zwei
Abenteurer nach Reykjavík schickte, um eines der
Walfangboote im Hafen zu versenken. Nun schal-
teten die Isländer erst recht auf stur und fingen bis
1989 jedes Jahr knapp achtzig Finnwale, und auch als
die isländische Walfangflotte danach jahrelang keinen
einzigen Wal fing, hielt ihr Besitzer Kristján Lofts-
son sie immerfort in seetüchtigem Zustand, sodass
sie jederzeit hätte auslaufen können. Seit 2006 tut
sie das nun wieder und fängt Wale zu kommerziellen Zwecken. Dagegen ist eigentlich nichts einzu-
wenden. Nach den derzeitigen Fangquoten können
die Isländer jährlich einhundert Zwergwale fangen,
von denen es selbst nach Zahlen der Internationalen
Walfangkommission in den isländischen Gewässern
über 43 000 gibt. Bei Finnwalen beträgt die jährli-
che Quote 150 von 25 000 Tieren. Organisationen,
die dagegen protestieren, beweisen, dass es ihnen
nicht um sinnvollen Umweltschutz geht, sondern
eher darum, mit dem emotional besetzten Thema
Wal auf einem umkämpften Markt Spendengel-
der einzusammeln. Es mag zwar schlimm aussehen,
einen blutenden Wal mit einer Harpune im Fleisch
zu sehen, doch gegen die Zustände auf jedem beliebigen Schlachthof ist das ein Witz. Und drängen-
dere Umweltprobleme gibt es ohnehin! Wenn die

Sturheit der Walfangbefürworter bloß nicht so, na ja, unpragmatisch wäre. Aus wirtschaftlichen Gründen wäre es für Island bestimmt besser, sein Image als sauberes Umweltreiseland weiter zu verbessern und auf diese paar Wale zu verzichten, deren Fleisch außerdem noch wie tagelang in Lebertran mariniertes, aber trotzdem zähes Rindfleisch schmeckt. Auch das Argument, Walfang sei eine jahrhundertealte Tradition, ist albern. Wenn die Isländer ihr altes Brauchtum bewahren wollten, müssten sie mit Ruderbooten und Lanzen auf Walfang gehen, nicht mit Harpunenkanonen und Motorbooten. Doch die selbstgerechte Einmischung von Umweltorganisationen wie *Sea Sheperd* wird von vielen Isländern als Zumutung empfunden, weshalb heute allein aus Gründen des Nationalstolzes weiterhin Wale gefangen werden, gerade weil das Ausland meint, Island in diesem Punkt bevormunden zu müssen.

Wer sich einen Überblick über den heutigen Stand der Walfangkontroverse verschaffen möchte, sollte sich auf den Parkplatz des Hafens unweit der Mýrargata stellen und aufs Meer schauen. Im Westen dümpeln die Walfangboote Hvalur 6, Hvalur 7, Hvalur 8 und Hvalur 9 vor sich hin. An den Masten hängen Ausguckkörbe wie bei Piratenschiffen, ihre schwarzen Rümpfe sind bei dunklem Wetter kaum vom Wasser zu unterscheiden, als wollten sie sich diskret im Hintergrund halten, ganz im Gegen-

satz zu den Booten mit den Panoramafenstern auf
der anderen Seite des Anlegers. Riesige Schilder weisen in ihre Richtung. »Walbeobachtung« steht darauf in Rot und Blau, »Sichtungen auf 95 Prozent
aller Fahrten«, und die Touristen kommen in Scha-
ren. Noch etwas weiter rechts liegt das Restaurant
Sea Baron, das Walfleisch auf der Speisekarte hat und
bei Touristen (auch wegen der günstigen, phantasti-
schen Hummersuppe) sehr beliebt ist. Hier schließt
sich der Kreis, der Wal ist Beutetier und Touristenattraktion zugleich. Willkommen im postideologi-
schen Zeitalter.

Gegen den Walfang protestierte, wie gesagt, vor-
nehmlich das Ausland. Im Gegensatz zu Deutschland
hatte es innerhalb Islands im zwanzigsten Jahrhundert kaum Konflikte um Umweltthemen gegeben,
kein AKW Brokdorf, keine Startbahn West, kein
Gorleben hatte jemals die Massen mobilisiert.

Erst als 1998 bekannt wurde, dass die Regierung
ein Milliardenprojekt plante, für das in Ostisland ein
ganzes Tal geflutet werden sollte, bekam Island seine
große umweltpolitische Kontroverse. Der Gedanken-
gang, der zu dieser Entscheidung geführt hatte, war in
groben Zügen folgender: Im Prinzip ist Island wahn-
sinnig reich, denn das Potenzial, aus Wasserkraft und
Erdwärme Energie zu erzeugen, ist nahezu unbe-
grenzt. Das Problem ist, dass man Strom im Gegen-

satz zu herkömmlichen Rohstoffen nicht exportieren kann. Um aus diesem Strom Kapital zu schlagen, müsste man also Industrie ansiedeln, für die sich aufgrund ihres hohen Strombedarfs der weite Weg nach Norden lohnt. Bei Aluminium zum Beispiel, ist dies der Fall. Isländischer Strom ist so günstig, dass es sich lohnt, Bauxit aus Australien herzuschaffen, zu Aluminium zu verhütten und dann wieder in die Welt hinauszubringen. Bereits seit 1970 gibt es ein solches Aluminiumwerk in der Nähe von Reykjavík, doch nun plante die Regierung mit dem amerikanischen Konzern *Alcoa*, eine Hütte in Ostisland aufzubauen, die genug Aluminium für ein Viertel der jährlich in den USA weggeschmissenen Getränkedosen produzieren würde. Um diese Aluminiumhütte mit Strom aus Wasserkraft zu versorgen, sollte ein riesiger Staudamm gebaut und das Tal um die Kárahnjúkar-Berge geflutet werden. Es war das größte Bauvorhaben der isländischen Geschichte, eine Art verspätete industrielle Revolution.

Bei dem Tal handelte es sich um ein Hochlandgebiet, das bisher kaum ein Isländer kannte, geschweige denn betreten hatte. Kurzschnabelgänse, Lachse und Rentiere waren hier unter sich, und nun sollte diese Wildnis unter einem sechzig Quadratkilometer großen Stausee versinken. Dieses größte Bauprojekt der isländischen Geschichte sollte einen wichtigen Beitrag zur Diversifizierung der isländischen Wirtschaft liefern, die Abhängigkeit Islands von der alles bestimmenden Geldquelle Fischfang reduzieren und Arbeitsplätze im strukturschwachen Osten des Landes schaffen. Sagten die Befürworter.

Doch auch in Island hatte inzwischen die Postmoderne Einzug gehalten und mit ihr das Bewusstsein, dass die Natur nicht in erster Linie beherrscht, sondern beschützt werden muss. Es formierte sich Widerstand. Wütende Zeitungskommentare, Blogs, Protestaktionen und Demos folgten. Wissenschaftler, Popstars, Schriftsteller, Unternehmer, Bauern meldeten sich zu Wort. Ich kann mir nicht vorstellen, dass die Regierung mit einer derartigen Entrüstung gerechnet hatte, nicht in Island, wo allein schon aufgrund der kleinen, relativ homogenen Bevölkerung alle irgendwie miteinander auskommen müssen und die politischen Diskussionen daher meist auf Konsens ausgerichtet sind.

Das Kárahnjúkar-Projekt brachte Islands politische Kultur an neue Grenzen. Die Frage, wie Island den Mittelweg zwischen Wirtschaftswachstum und Umweltschutz finden sollte, ging plötzlich alle an, der Riss ging mitten durch die Bevölkerung. Seit dem umstrittenen NATO-Beitritt 1949, als sich Kommunisten und Pazifisten Straßenschlachten mit der Polizei lieferten, hatte es keine solche Kontroverse mehr gegeben.

Je weiter der Staudamm wuchs, je mehr Tunnel gegraben und je mehr Hochspannungsleitungen in der Wildnis verlegt wurden, desto mehr Leute nahmen an den Kundgebungen teil. Bei einer Protestaktion im Rathaus, die in einen Tumult ausartete, wäre fast die Band Sigur Rós verhaftet worden, eine Versammlung der Befürworter im schicken *Hótel Nordica* wurde von Aktivisten gestürmt, Bauunternehmer wurden mit einer grünen Version der Quarkspezialität *Skyr* beworfen. Selbst Björk, die sich bisher nie in die isländische Politik eingemischt hatte, meldete sich zu Wort und beschimpfte die Umweltministerin. Die Kárahnjúkar-Gegend war ihr wohlbekannt, schließlich war dort 1997 das Video zu ihrer Single »Joga« gedreht worden. Auch Björks Mutter Hildur Rúna Hauksdóttir blieb nicht untätig und trat in einen dreiwöchigen Hungerstreik. Künstler und Aktivisten brachten auf Wanderungen Hunderte Menschen in das Kárahnjúkar-Gebiet und zeigten ihnen, was auf dem Spiel stand. Es war wieder ein typisch isländischer Protest, der nicht von kleinen radikalen Gruppen angeführt wurde, sondern aus der Mitte der Bevölkerung kam. Am Schluss demonstrierten fast zehntausend Menschen, Familien, Studenten, Alt und Jung, sogar die ehemalige Präsidentin Vigdís Finnbogadóttir marschierte mit und sendete damit ein deutliches Signal: Es ging um die konstruktive Suche nach Alternativen, nicht um Krawall.

Der Schriftsteller Andri Snær Magnason war so beeindruckt von dieser gefährdeten Schönheit, dass er alle literarischen Projekte auf Eis legte und das Buch *Dreamland – ein Selbsthilfebuch für eine verängstigte Nation* schrieb, eine Mischung aus Essay, Philosophie und Dokumentation, die sich mit der drohenden Zerstörung der isländischen Natur auseinandersetzte. Das Buch wurde in Island der größte Bestseller aller Zeiten. *Dreamland* stellte genau die richtigen Fragen: Wie viel Industrialisierung sollte die isländische Dienstleistungsgesellschaft nachholen und wo sollte das Land lieber auf seine intakte Natur als Standortvorteil setzen? Ist es, rein sprachlich gesehen, nicht ein armseliger und unkreativer Akt, einsame Hochlandtäler nur mit den Megawattzahlen zu beschreiben, die diese an Energie liefern könnten? Könnten nicht, wenn genügend Leute ihre Ideen beisteuerten, wesentlich bessere Lösungen gefunden werden, um die isländische Wirtschaft zu entwickeln und die Abhängigkeit vom Fisch zu verringern?

Dreamland ist alles andere als eine zornige Kampfschrift. Es ist ein charmantes Plädoyer, lieber auf die Entwicklung von Kreativität zu setzen als auf die Entwicklung von Schwerindustrie. Dieses Argument ist alles andere als aus der Luft gegriffen. Eines der international erfolgreichsten isländischen Unternehmen, *Össur*, entwickelt Prothesen, *CCP* erfand das

120

beliebte Internetrollenspiel *EVE Online*, die in Island produzierte Zeichentrickserie *Lazytown* begeistert Kinder in über hundert Ländern. Das sei die Zukunft, so Magnason, hierauf solle das Land sich konzentrieren. *Dreamland* machte Magnason auch im Ausland bekannt. Der Autor ist inzwischen eine Art isländischer Al Gore geworden und mit internationalen Preisen überhäuft, ein *Dreamland*-Dokumentarfilm läuft auf Festivals in der ganzen Welt.

Darüber hinaus wurde das Kárahnjúkar-Projekt aber auch aus der klassischen Industrielogik heraus angezweifelt. Würden wirklich so viele Arbeitsplätze entstehen, dass sich die Landschaftszerstörung lohnte? Oder würde nachher nur *Alcoa* profitieren? Und was war mit den geologischen Risiken, wie zum Beispiel Erdbeben? Dass alle Isländer für die Folgen aufkommen müssten, wenn etwas schiefging, war klar – welchen wirtschaftlichen Sinn das Ganze hatte, hingegen nicht.

Die Art und Weise, wie die Befürworter des Projekts argumentierten, zeigte allerdings, wie weit auch das klassisch moderne Fortschrittsdenken noch in Island verbreitet war. Gerade bei den älteren Befürwortern des Projekts galt allein schon die Tatsache, dass man wieder einmal die Natur in ihre Schranken weisen konnte, als begrüßenswert. Was sollten die Isländer denn mit diesem Tal, das außer ein paar Vögeln nie jemand zu Gesicht bekommen hatte? Da

draußen war doch nur Wüste – wenn man die nutz-
bar machen konnte und damit auch noch ein paar
Arbeitsplätze schuf, warum denn nicht?

Wie immer bei breit in der Bevölkerung geführten
Debatten, gab es auf beiden Seiten kluge und weniger kluge Argumente. Die Befürworter warfen den
Umweltschützern vor, sich mehr für Gänse und Was-
serfälle zu interessieren als für die Menschen im von
Abwanderung geplagten, strukturschwachen Ostisland. Wenn sie die Umweltschützer nicht gleich mit
Terroristen gleichsetzten, warfen sie ihnen zumindest
vor, verwöhnte Großstadtkinder zu sein, die glaub-
ten, der Strom komme aus der Steckdose und das
Geld aus dem Automaten.

Und natürlich gab es Kraftwerksgegner, die einem
unreflektierten, übertrieben romantisierten Naturbild
nachhingen. Die zivilisationsfeindliche Rhetorik, die
manche von ihnen an den Tag legten, verstörte auch
mich. Man kann als Umweltschützer doch nicht die
Natur idealisieren, ohne sich bewusst zu machen,
dass es erst die Annehmlichkeiten unseres modernen
Lebens sind, die es uns ermöglichen, die raue Natur
als schön wahrzunehmen. Auch das Pathos, mit dem
der Dokumentarfilm *Dreamland* zerbrochene Vogel-
eier mit den Sprengungen für den Staudamm zusam-
menschneidet, ist dümmlicher Kitsch, der eher dazu
taugt, Menschen zu deprimieren, als dass er sie ani-
mieren würde, nach Alternativen zu suchen. Und

auch, dass nach dem von 30 000 Leuten besuchten
»Náttúra«-Konzert, auf dem Björk, Sigur Rós und
andere bekannte Musiker spielten, das ganze Frei-
luftgelände im Reykjavíker Laugardalur voller (Alu-
minium-)Dosen lag, ist peinlich.

Stilistische Fehler wurden auf beiden Seiten gemacht. Dennoch glaube ich, dass die Umweltschützer recht haben. Unberührte Natur ist ein so be-
gehrtes und knappes (und daher wertvolles) Gut,
dass man sie allein schon aus wirtschaftlichen Gründen schützen sollte. Der Sympathiebonus, den Island aufgrund seiner Natur hat, wird dem Land noch
Einnahmen bringen, wenn die Aluminiumwerke
längst weitergewandert sind.

Und es gibt ja auch andere Ideen, wofür der güns-
tige isländische Strom genutzt werden könnte, zum
Beispiel für den Betrieb des Internets, der bereits
heute so viel Energie verbraucht wie die gesamte
Luftfahrt. Island könnte Rechenzentren ansiedeln,
nicht alle an einem Ort, sondern über das Land ver-
teilt, sodass sie ihren Strom aus kleinen Erdwärmean-
lagen beziehen können, die nicht derart viel Landschaft zerstören wie ein Riesenstausee. Vielleicht
werden in Island schon bald Serverfarmen entstehen, die allesamt mit erneuerbarer Energie betrieben werden. Diese Idee ist so gut, dass sie einfach
weitergedacht werden muss.

Die Sagas – Geschichten und Geschichte

Denken Sie einen Moment an unsere Vergangenheit. Woher glauben wir zu wissen, wie unsere Vorfahren in früheren Jahrhunderten gelebt haben? In Deutschland gibt es da eine Menge: Burgen, romanische Kirchen, mittelalterliche Marienfiguren, Rothenburg und Quedlinburg. Nun stellen Sie sich vor, all das wäre vermodert. So ist es nämlich in Island. Die ältesten Häuser des Landes sind kaum mehr als zweihundert Jahre alt, alle mittelalterlichen Bauernhöfe aus Stein, Gras, Torf und Treibholz sind längst verfallen; es gibt keinen Dom und keine Wartburg, an die sich nationale Mythen knüpfen könnten. Die bildende Kunst hat in Island, wo es weder reiche Klös-

ter noch aufstrebende Städte gab, über Jahrhunderte
kaum mehr hervorgebracht als ein paar Schnitzereien
und Wandteppiche, und eine Musiktradition hat es
gleich gar nicht gegeben: 1876, im Jahr der Urauf-
führung von Wagners *Ring des Nibelungen*, haben
zum ersten Mal zwei Isländer gemeinsam auf Instru-
menten gespielt, vorher gab es nichts als monotone
und oft zotige Reimgesänge.

Dass das Land sich trotzdem über Jahrhunderte
der dänischen Fremdherrschaft eine kulturelle Iden-
tität und ein historisches Gedächtnis bewahrt hat,
ist einer Kunstform zu verdanken, in der die Isländer Unglaubliches geleistet haben und es bis heute
tun: der Literatur.

Trotz großer Armut haben isländische Bauern und
Mönche über Jahrhunderte hinweg immer wieder
alte Handschriften auf- und abgeschrieben und damit die Grundlage für den Mythos vom archaischen
Norden gelegt.

Obwohl viele heutige Isländer sich nach Feierabend am liebsten ein Spiel von Manchester United
oder die neueste Episode von CSI Miami ansehen
und dazu eine Pizza bestellen, ist Island doch eine
Lese- und Schreibnation geblieben. Im *Morgunblaðið*
finden sich jeden Tag seitenweise Nachrufe auf ganz
normale Menschen, die von deren Angehörigen verfasst werden. Und wenn ich bei Freunden und Ver-

wandten eingeladen bin, erstaunt es mich auch heute
noch, wie anders die Gesprächskultur ist: Wenn eine
Gruppe von Isländern beim Kaffee oder Essen zu-
sammensitzt, stellt man sich weniger höfliche Fragen nach dem letzten Urlaub oder dem Befinden des
Partners – stattdessen erzählen die Leute, was sie erlebt haben. So modern die Gesellschaft sein mag, die
Isländer sind doch ein Volk von Geschichtenerzäh-
lern geblieben. Die Anzahl an Verlagen und Autoren ist – natürlich pro Kopf – rekordverdächtig. Jeder Isländer kauft im Durchschnitt acht Bücher pro
Jahr, die meisten davon, wenn im Dezember eine
vorweihnachtliche »Bücherflut« über das Land rollt.
Autoren hasten von einer Lesung zu nächsten, bei
manchen sind es vier oder fünf am Tag, auf Weih-
nachtsfeiern, bei Lesezirkeln, in Betrieben. Zu dieser
Jahreszeit ist es nicht ungewöhnlich, in Supermärkten und Tankstellen nicht nur ein paar Krimis, sondern auch die gebundenen Neuerscheinungen seri-
öser literarischer Autoren zu finden.

Doch auch die Texte aus dem Mittelalter spielen
weiterhin eine Rolle und zwar nicht nur auf den
Lehrplänen der Schulen. Kleine Kinder halten sich
bis heute gern für den »starken Grettir«, einen der
bekanntesten Sagahelden. Es gibt Sagacomics, etli-
che Theater- und Filmadaptionen, und auch im Alltag taucht das literarische Erbe immer wieder auf:
Nach dem legendären Silberschatz des Egill Skal-

lagrímsson heißt eine Fernseh-Talkshow *Das Silber von Egill*, eine Brauerei setzte noch einen drauf und nennt ihr Bier *Egils Gull*: Das Gold von Egill. Und auf jedem Polizeiauto finden sich in einem gelben Wappen die Worte: MEÐ LÖGUM SKAL LAND BYGGJA, womit die Polizei die berühmte *Saga von Njáll* zitiert: »Mit Gesetzen erbaut man ein Land«.

Grob gesagt besteht die alte isländische Literatur aus Sagas und Eddas, wobei es von den Sagas eine ganze Menge gibt, von den Eddas hingegen nur zwei: Die *Lieder-Edda* und die bereits in dem Kapitel über die Schwimmbäder erwähnte *Edda des Snorri Sturluson*.

Beide Eddas beschäftigen sich mit den nordischen Helden, Göttern und Mythen aus vorgeschichtlicher Zeit. Die Sagas hingegen haben mit Zwergen, Drachen und Walhall nicht viel zu tun. Sie beschäftigen sich zum größten Teil mit Personen, die wirklich gelebt haben – *Saga* bedeutet Geschichte, und zwar sowohl im Sinne von Erzählung als auch im Sinne von Historie. Besonders interessant sind hierbei die Isländersagas, die von der Besiedlung des Landes erzählen. Hier spielen nicht, wie man es aus der europäischen Literatur des Mittelalters kennt, Heilige, Ritter oder Könige die Hauptrolle, sondern einfache Bauern. Als historische Quelle mögen sie nicht immer verlässlich sein, doch eines ist unbestreitbar: Die Isländersagas gehören mit ihrer überraschend

128

realistischen Erzählweise und ihren vielschichtigen Charakteren zur Weltliteratur.

Eine der bekanntesten Isländersagas, die *Saga von Grettir,* beginnt gegen 870 in Norwegen:

> *Zu dieser Zeit war in Norwegen großer Unfriede. Harald Zottelkopf, der Sohn von Hálfdan dem Schwarzen, griff nach der Herrschaft über das ganze Reich. Bisher war er König von Oppland, doch nun zog er erst nach Norden, wo er viele Schlachten kämpfte, die er alle gewann. Dann zog er nach Süden und eroberte alles, was er betrat. Erst als er nach Hordaland kam, stellte sich ihm eine große Menge von Männern entgegen …*

Heute weiß man, dass das von diesen Männern keine gute Idee war. Harald Zottelkopf besiegte sie, wurde König von ganz Norwegen und als solcher Harald Schönhaar genannt. Die, die den Kampf gegen ihn überlebten, konnten sich nicht mehr blicken lassen. Einige von ihnen machten sich auf den Weg nach Island.

Bis heute hält sich die Vorstellung, die ersten Siedler seien ein Haufen von Wikingern mit Hörnerhelmen gewesen, die nach einem Motto lebten, das die Band *Torfrock* einmal so formulierte: »*Kommst du in ein fremdes Land, beklau sie und verhau sie.*«

Und es gab sie sicher auch, die Wikinger unter den ersten Siedlern, von denen so gern erzählt wird, dass sie auf dem Weg nach Island auf den Britischen Inseln Station machten und die schönsten Frauen entführten. Doch Island ist längst nicht nur von norwegischen Plünderern besiedelt worden und von Engländerinnen, die nicht schnell genug weglaufen konnten. Die Wikinger sind nur Teil einer vielfältigen Siedlungsbewegung gewesen. Viele der ersten Siedler waren norwegische Bauern, die angesichts der Kämpfe in ihrer Heimat hofften, in Island einigermaßen ruhig und von Königen und Lehnsherren unbehelligt leben zu können. Manche dieser Bauern hatte sich schon Jahre zuvor in Irland niedergelassen, einheimische Frauen geheiratet und eine Familie gegründet.

Die meisten Leute, die nach Island zogen, wollten also gerade nicht mehr kämpfen. Die isländischen Siedler wollten, wie es in den Sagas öfter heißt, »*einige Jahre still sitzen*«, was meist bedeutete, dass sie sich einen Hof bauten und alt wurden. Wenn Island jemals eine Wikingerinsel war, dann eher eine Seniorenresidenz für ehemalige Wikinger.

In den Jahrzehnten nach der Besiedlung entwickelte sich in Island ein für die damalige Zeit unerhört obrigkeitsloser Staat. Es gab keinen Adel und keinen König; die Siedlerfamilien teilten die Macht unterei-

130

nander auf. Etwa sechzig Jahre nach der Ankunft der ersten Siedler begannen die Isländer 930, sich jeden Sommer zu treffen, Recht zu sprechen und über ihre Gesetze abzustimmen – das Allthing (*Alþingi*) war gegründet, eines der ältesten demokratischen Parlamente der Welt.

Für ihren Allthing suchten die Isländer sich einen Ort in der Nähe des heutigen Reykjavík aus, den jeder Islandreisende besuchen wird: Þingvellir. Diese, wörtlich übersetzt, Versammlungsebenen sind die perfekte Touristenattraktion. Auf den Þingvellir haben sich die wichtigsten Ereignisse der isländischen Geschichte abgespielt, und auch geologisch ist es hier interessant – ein begehbares Nationalheiligtum, das zudem noch von unglaublicher landschaftlicher Schönheit ist.

Die Þingvellir liegen auf der tektonischen Sollbruchstelle, die Europa von Amerika trennt. Hier driften die Eurasische und Nordamerikanische Platte auseinander und sorgen dafür, dass Island jedes Jahr zwei Zentimeter breiter wird. Die Basaltwände, die steil an dieser Abbruchkante aufragen, reflektieren den Schall so gut, dass hier ein optimaler natürlicher Konferenzsaal entstand. Vor diesen Wänden konnten Hunderte von Leuten stehen und hören, was der Gesetzessprecher sagte.

Auch wenn ich nur kurz in Island bin, nach Þingvellir fahre ich jedes Mal. Erst wenn ich einmal von der Ringstraße Nummer 1 auf den Þingvallavegur Nummer 36 abgebogen bin und das Auto mit lautem Dröhnen über eines der Gitter fährt, die im ganzen Land in die Straßen eingelassenen sind, um die Schafe in ihrem Bezirk zu halten, habe ich das Gefühl, wirklich in Island zu sein. Anfangs breitet sich hier eine ganz typische isländische Landszenerie aus: erst ein paar Wiesen, weiter in Richtung der Berge dann weiße Bauernhöfe mit roten, blauen oder grünen Wellblechdächern und im Sommer jede Menge in Plastik eingeschweißte Heuballen, die wie träge Kühe überall herumliegen. Dann erscheint rechter Hand eine Villa, die nicht recht in diese Welt der spitzgiebeligen Bauernhöfe zu passen scheint. Hier ist Gljúfrasteinn, das Haus, in dem der große Schriftsteller Halldór Laxness die zweite Hälfte seines langen Lebens verbrachte. Die Villa steht so nah an der Straße, dass sie wie ein Torwächter wirkt; das Haus des Nationaldichters am Eingang des Nationalheiligtums. Eine Besichtigung lohnt sich sehr, die Einrichtung wurde seit Laxness' Tod nicht verändert, das Wasser in seinem Schwimmbad ist weiterhin warm.

Schon bald nach Gljúfrasteinn wird das Licht am Horizont ein anderes, und der größte See des Landes taucht vor uns auf: der Þingvallavatn. Still, tief und kalt liegt er da zwischen den schroffen Basaltformationen, die auf der amerikanischen Seite aufragen, und dem Panorama aus Schildvulkanen und gletscherbedeckten Bergen, das im Halbrund weiter in der Ferne, in Europa, erscheint.

Meinen ersten Ausflug hierher habe ich mit meinem Vater, seinem Freund Ágúst und dessen Söhnen gemacht. Wenn ich heute auf den Þingvellir bin, kommen mir noch immer die Fotos in den Sinn, die wir damals auf jeder Station unseres Spaziergangs durch dieses zerfurchte Niemandsland zwischen den Kontinenten machten: Drei Grundschulkinder mit windzerzaustem Haar in Adidas-Trainingsanzügen in der Almannagjá, die auf Deutsch übersetzt »Spalte der Allgemeinheit« heißt. Damals wussten wir noch nicht, dass das auch ein Schimpfwort für eine Frau ist, die viele Männer hat. Das nächste Foto zeigt uns vor der isländischen Fahne ganz oben auf dem Lögberg, wo im Mittelalter die Versammlungen stattfanden. Von dort ging es weiter zu dem Wasserfall, in dem angeblich Hexer und Ehebrecherinnen ertränkt wurden. Zum Abschluss warf jeder von uns eine silberne 1-Kronen-Münze in die Peningagjá, eine der Gesteinsspalten, die sich mit Wasser gefüllt hatte, das so klar war, dass wir den Münzen sekundenlang hinterhersehen konnten, während sie sich im Sinken glitzernd um die eigene Achse drehten, dann waren sie irgendwann einfach verschwunden.

Jeden Sommer werfen hier ganze Busladungen von Touristen ihr Kleingeld hinein. Die Þingvellir sind bei Weitem kein Geheimtipp, doch auch heute muss man sich nur einige Meter von den Wegen entfernen, und schon kann man sich in einer Mooskuhle niederlassen, in der man nichts mehr sieht außer dem Himmel und abgesehen von dem immergleichen »bi-bi« der Goldregenpfeifer kein Geräusch mehr hört.

Der erste historische Wendepunkt auf den Þingvellir vollzog sich im Jahr 1000. Die Missionare, die sich damals in Island herumtrieben, hatten inzwischen so viele Menschen bekehrt, dass es immer häufiger zu Spannungen zwischen den neuen Christen und denjenigen Isländern kam, die weiterhin ihrem heidnischen Glauben anhingen. Als auf dem Allthing abgestimmt werden sollte, welche Religion das Land in Zukunft haben sollte, schlug der Gesetzessprecher Þorgeir Ljósvetningagoði einen genialen Kompromiss vor, der den Frieden im Land erhielt: Die Isländer nahmen den christlichen Glauben an, wobei es allen erlaubt war, weiterhin Thor und Odin zu verehren, Pferdefleisch zu essen und schwächliche Kinder auszusetzen, solange sie dies nicht an die große Glocke hängten. Es handelt sich hier um eines der eindrücklichsten Beispiele für den Pragmatismus, mit dem die Isländer noch heute viele Probleme angehen. Und es liegt wohl auch daran, dass die Kirche in Island nie im gleichen Maße ihre rigiden Moralvorstellungen durchsetzen konnte wie in Europa: Uneheliche Kinder sind in den mittelalterlichen Genealogien ebenso selbstverständlich wie in heutigen Patchworkfamilien. Und dass Priester, Mönche oder sogar Bischöfe Kinder hatten, war vollkommen normal.

Besonders honorig darf man sich diese Versammlungen auf den Þingvellir allerdings nicht vorstellen. Das Allthing stellte zwar das politische Ereignis des Jahres dar, war aber auch ein Volksauflauf von oktoberfestlichem Ausmaß.

Jeder Großbauer wollte seinen Reichtum und seine Macht zeigen und reiste mit riesigem Gefolge, Bier und allem an, was die isländische Landwirtschaft an Delikatessen hergab. Sogar der Fluss Öxará wurde umgeleitet, damit er frisches Wasser direkt an den Versammlungsort brachte – der Wasserfall Öxarárfoss, dessen vermeintlich natürliche Schönheit viele bestaunen, ist also in Wahrheit von Menschen gemacht. Man bahnte Ehen an, ließ seine Schwerter schärfen, es gab Ballspiele und Ringkämpfe, die stärksten Männer forderten einander heraus, und die Skalden machten Gedichte darüber.

Ein Problem hatte der isländische Freistaat allerdings: Auf dem Allthing wurden zwar Urteile gefällt – eine zentrale staatliche Macht, diese auch durchzusetzen, gab es hingegen nicht. Wenn ein Bauer mit seiner Klage Erfolg hatte, musste er selbst dafür sorgen, dass das Urteil vollstreckt wurde, egal, ob es sich um eine Geldbuße oder die lebenslange Verbannung eines Mörders handelte. Jeder war also, unterstützt von seinen Knechten, Sklaven und Verwandten, seine eigene Exekutive. Aus literarischer Sicht ist das ein Glücksfall. Denn hätte es eine ordentliche ausführende Staatsmacht gegeben, die all die dramatischen Blutrachen und über mehrere Generationen andauernden Fehden unterbunden hätte, dann hätten die Autoren der Sagas nur wenig zu erzählen gehabt. Blutrache ist das, worum es in den Sagas hauptsächlich geht, ein isländischer Literaturwissenschaftler hat es einmal so zusammengefasst: Bauern schlagen sich.

Etwas genauer gesagt, läuft alle Handlung für gewöhnlich so ab:

Bauer A beschuldigt Bauer B, Bäuerin A geschwängert zu haben. Bäuerin B gibt Bauer A in der Öffentlichkeit eine Ohrfeige wegen der verletzten Ehre ihres Mannes. Da Bauer A sich nicht traut, Bäuerin B in aller Öffentlichkeit den Schädel zu spalten, sammelt er eine kleine Mannschaft und bringt den besten Knecht von Bauer B um. Daraufhin sammelt Bauer B eine kleine Mannschaft und zündet die Scheune von Bauer A an. Ganz nebenbei vergewaltigt er Bäuerin A und nimmt entweder sie, das beste Pferd oder beide mit. Bauer A geht zu seinem Blutsbruder, Bauer C, mit dem er als Ziehsohn beim Gode-Priester X im nächsten Bezirk aufgewachsen ist. Bauer C und Bauer A erwirken auf dem Allthing ein Verbannungsdekret für Bauer B, sammeln aber zur Sicherheit eine etwas größere kleine Mannschaft, bevor sie aufbrechen, um das Dekret durchzusetzen. Auf dem Weg erscheint ihnen der Geist eines in einer Hungerperiode auf der Heide ausgesetzten Säuglings, und sie beschließen, lieber doch gleich bei Nacht anzugreifen und Bauer B umzubringen. Bauer B, der in Erwartung von Bauer A und Bauer C eine kleine Mannschaft gesammelt hat, verteidigt sich wacker, schießt einige aufs Dach gekletterte Gegner mit Pfeil und Bogen ab, will sich aus dem Haar seiner Ehefrau eine neue Bogensaite flechten, doch sie gibt ihm keine einzige Strähne, weil er ihr einige Jahre zuvor eine Ohrfeige gegeben hat. Dann hat die Gegenpartei die Nase voll, zündet den Hof an und muss nur noch diejenigen erschlagen, die aus dem einzigen Eingang entkommen. Auf beiden Seiten überleben gerade genug Familienmitglieder, um weitere Rachefeldzüge anzuzetteln.

Auch in meiner Lieblingssaga, der bereits erwähnten *Saga von Grettir,* dreht sich alles um Ehre, Blutrache, Familie und Verbannung. Grettir Ásmundarson ist ein starker Mann, der sich gern der rustikalen

Kampftechnik bedient, Gegner mitsamt Waffen und Rüstung hoch über seinen Kopf zu heben und dann auf den Boden zu schmettern. Auf dem nordwest-isländischen Hof Bjarg aufgewachsen, fällt er schon früh als Problemjugendlicher auf. Grettir ist mal hyperaktiv, mal faul, immer zu Gewalt und nie zu Arbeit aufgelegt. Nachdem Grettir allen Hausgänsen den Hals umgedreht und die Lieblingsstute seines Vaters gehäutet hat, spricht dieser kaum mehr mit ihm. Bald darauf erschlägt Grettir, weiterhin ein Jugendlicher, einen Knecht und wird für einige Jahre nach Norwegen geschickt. Diese an heutige Erlebnispädagogik erinnernde Maßnahme war damals eine häufige Strafe für Gewalttaten, denn ein Gefängnis gab es in Island nicht. Was die Norweger davon hielten, dass die Isländer ihre Intensivtäter bei ihnen entsorgten, ist nicht überliefert, doch von den Isländern heißt es bei Grettirs Abreise: » *Viele wünschten ihm eine gute Reise, wenige sagten: komm zurück.* «

Bis hierhin ist Grettir im Vergleich zu anderen Helden der Isländersagas nicht über die Maßen negativ aufgefallen – eine gewisse Anzahl an Totschlagsdelikten wurde als postadoleszente Überspanntheit toleriert. So bringt es Grettir trotz seiner Gewalttaten zu einigem Ruhm. Er hebt Steine, die sonst niemand heben kann und rettet mehrere Bauersfrauen vor Berserkern wie Þórir Þömb und Ögmundur dem Bösen von denen es heißt, dass sie »*niemanden verschonten, wenn sie wüteten. Sie nahmen den Männern ihre Frauen und Töchter weg, behielten sie eine Woche oder einen halben Monat und brachten sie dann zurück.«*

Als Grettir nach seiner ersten Verbannung nach Island zurückkommt, reitet er sofort zu Auðunn, der ihn einmal beim Ballspielen verprügelt hatte, als sie beide noch halbe Kinder gewesen waren. Als er Auðunns Hof erreicht, ist dieser gerade dabei, einen Sack mit der typisch isländischen Quarkspezialität Skyr in seinen Hof zu tragen, und es kommt zu folgendem Dialog:

> *»Was willst du hier?«, fragte Auðunn.*
> *»Ich will mit dir kämpfen«, sagte Grettir.*
> *»Ich muss mich erst um das Essen kümmern«, sagte Auðunn.*
> *»Wie du meinst«, sagte Grettir, »wenn du niemanden hast, der das für dich erledigt.«*
> *Da bückte Auðunn sich, hob den Sack mit dem Skyr auf, warf ihn Grettir in die Arme und sagte, er solle ihn fangen. Grettir war überall mit Skyr bedeckt, und das erschien ihm schlimmer, als wenn Auðunn ihm eine blutige Wunde verpasst hätte. Dann gingen sie aufeinander los und rangen heftig.*

Das Motiv des ehrabschneidenden Quarkbesudelns kehrt in der isländischen Kultur bis heute mit schöner Regelmäßigkeit zurück, wie die Gegner des Kárahnjúkar-Staudammprojekts bei ihrer Attacke auf einige Bauunternehmer zeigten. Grettir besteht nach Art der alten Helden auf seiner Ehre, doch die Zeiten scheinen sich gewandelt zu haben: So sehr Grettir für seinen Mut und seine Kraft bewundert wird, so schlecht kommt es an, dass er sein Temperament nicht unter Kontrolle hat.

Es fällt auf, wie oft Personen in der *Saga von Grettir* als gutmütig, friedfertig oder besonnen bezeichnet werden. Das auf Ehre und Familie ausgerichtete heidnische Wertesystem, in dem Verwandte nicht nur berechtigt, sondern verpflichtet waren, ihre erschlagenen Angehörigen zu rächen, scheint nicht mehr uneingeschränkt gültig. Viele Bauern, die sich inzwischen im Land etabliert hatten, fanden die Werte des Christentums offenbar gar nicht schlecht.

Dem Stil der gesamten Isländersagas entsprechend, wird auch von den blutigsten Gefechten knapp und lakonisch berichtet. Immer wieder finden sich dabei Stellen, die einen frappierend modernen Humor haben, wie diese Beschreibung des Todes von Grettirs Bruder Atli:

> *Da stürmte Þorbjörn zur Tür, packte seinen Spieß mit beiden Händen und stach ihn Atli in den Bauch, sodass er ganz hindurchging.*

> *Während er den Stoß bekam, sagte Atli:*
> *»Breite Spieße werden immer beliebter.«*

Eine andere Stelle bekommt sogar parodistische Züge, als Grettir mal wieder gegen einen Berserker kämpft und sich deren Taktik zunutze macht, auf möglichst martialische Art in ihre Schilde zu beißen, um den Gegner einzuschüchtern:

> *Daraufhin heulte der Berserker laut und riss den Mund weit auf und biss in den Rand seines Schildes hinein wie ein Wahnsinniger. Grettir rannte zu ihm hin, bis er neben das Pferd des Berserkers kam, dann trat er so hart gegen die Unterseite des Schildes, dass es dem Berserker in den Rachen fuhr und ihm den Mund so weit aufriss, dass der Kiefer auf seine Brust hinabfiel.*

Wenn die alten Handschriften es nicht beweisen würden, könnte ich nicht glauben, mit welch zynischer Ironie damals erzählt wurde. Manchmal scheinen die Sagas so modern, als hätte Quentin Tarantino sich nicht nur bei *A Clockwork Orange* und *American Psycho* für seine nonchalanten Gewaltdarstellungen in *Pulp Fiction* inspirieren lassen, sondern auch hier. Die Erzählperspektive zeigt ebenfalls, wie wichtig den Autoren der Sagas das Vergnügen der Leser

war. Wann immer sich dadurch die Spannung er-
höht, gibt es unheilvolle Weissagungen, retardierende
Momente und Perspektivwechsel wie im modernen
Roman oder Film.

Zu zeitgenössischen Texten werden die Isländersagas durch diese Erzählweise natürlich trotzdem nicht.
Immer wieder bin ich beim Lesen davon beeindruckt,
wie fremd mir die Welt ist, in der die Isländer damals
lebten. Bei all ihrer Kampfbereitschaft und Tapferkeit
sind die Sagahelden doch ihrem Schicksal ergeben,
glauben an Geister und erkennen, dass es wichtigere
Dinge gibt als ihr eigenes Leben, ohne sich dazu auf
eine Art Religion zu beziehen. So bringen die Sagas
auf einzigartige Weise modernes Erzählen mit dem
Gefühl zusammen, in eine unerreichbar ferne, rät-
selhafte Welt einzutauchen.

Der zentrale Wendepunkt in der *Saga von Grettir*
ist sein Kampf mit dem Untoten Glámur. Obwohl
Grettir gewinnt, ist es von nun an mit seinem Glück
vorbei:

*Gerade in dem Augenblick, als Glámur fiel, verzog sich
eine Wolke, die den Mond bedeckt hatte, und Glámur
starrte hinauf. Grettir sagte später selber, dass dies der einzige Anblick war, der ihn jemals erschreckt hatte. Plötzlich verließ ihn seine Kraft, und zwar nicht so sehr vor Er-
schöpfung, sondern vielmehr vor Entsetzen, denn er hatte
gesehen, wie besessen Glámur mit den Augen rollte, so-*

dass Grettir sein Schwert nicht ziehen konnte und einfach nur erstarrte, fast wie tot. Und weil Glámur über mehr böse Kräfte verfügte als die meisten anderen Untoten, sprach er nun:

> »Viel hast du auf dich genommen, um mich
> zu treffen, Grettir, und es wird dich nicht wun-
> dern, wenn ich dir kein Glück bringe. Ich sage
> dir, du hast gerade einmal die Hälfte der Reife
> und Stärke erlangt, die dir bestimmt war, hät-
> test du mich nicht getroffen. (…) Bis jetzt bist
> du berühmt für deine Taten, doch von nun an
> wird Morden und Verbannung dein Schicksal
> sein und die meisten Dinge, die du tust, wer-
> den dir Leid und Unglück bringen. Man wird
> dich verbannen, sodass du allein unter freiem
> Himmel leben musst und dabei wirst du immer
> meine Augen vor dir sehen und nicht allein
> sein können, denn ich habe dich verflucht.
> Und das wird es schließlich sein, was dir den
> Tod bringt.«

Seitdem Glámur ihn verflucht hat, steigert sich Grettirs Reizbarkeit, seine Unbeherrschtheit, seine Rachsucht bis ins Unerträgliche. So sehr er versucht, sein Leben in den Griff zu bekommen, weiß er doch, dass es ihm nicht gelingen wird. »Ich wünschte, du wärest etwas schmächtiger und hättest dafür etwas mehr

Glück«, sagt einer seiner Brüder zu ihm. Sätze wie diese muss Grettir sich immer wieder anhören, von Freunden, von König Olaf dem Heiligen und Þorbjörg der Dicken und sogar von seiner Mutter. Immer wieder versucht der starke, glücklose Grettir, sich gegen sein Schicksal aufzulehnen, doch jedes Mal macht sein fragiles, reizbares Ego alle Anstrengungen zunichte – der Held wird zum Antihelden. Schließlich wird er abermals verbannt, doch diesmal nicht nur für drei Jahre, sondern auf unbestimmte Zeit. Er muss in Island in der Wildnis leben. Jeder darf ihn ungestraft töten, und jeder, der ihm auch nur ein Dach über dem Kopf oder etwas zu essen gibt, muss mit Strafe rechnen. Eine solche »große Acht« kam in der damaligen Zeit einem Todesurteil gleich – dass Grettir seit dem Kampf mit Glámur in der Dunkelheit die Augen des Untoten vor sich sieht und es nach Sonnenuntergang kaum noch aushält, allein zu sein, macht die Strafe für ihn nicht besser.

Viele Jahre – und viele Kämpfe – später wird auf dem Allthing beschlossen, Grettirs Verbannung aufzuheben – nur noch einen Winter müsste Grettir als Outlaw überleben. Aber er kann seinem Schicksal nicht entkommen. Der sprachbegabte, verhaltensgestörte, heldenhafte Grettir, den niemand im Kampf besiegen konnte, erkrankt an einer Wunde, die er sich selbst zugefügt hat.

Kurz bevor er an Wundfieber stirbt, gelangen seine Feinde doch noch zu ihm. Grettir kann nicht mehr aufstehen, bringt aber selbst auf den Knien noch einige von ihnen um, dann sticht sein Erzfeind Þorbjörn ihm einen Speer in den Rücken. Doch auch Þorbjörn war vorausgesagt worden, dass die Sache für ihn kein gutes Ende nehmen werde. Er wird aus Island verbannt, weil er eine Hexe auf Grettir angesetzt hat. Auf einigen Umwegen gelangt er nach Konstantinopel, wo er als Söldner anheuert. Grettirs Bruder Þorstein Drómund verfolgt ihn, und es kommt zum Showdown am Bosporus:

Þorstein Drómund nahm das Schwert und im selben Moment erhob er es und schlug nach Þorbjörn. Der Schlag traf Þorbjörn mit solcher Wucht am Kopf, dass erst seine Backenzähne das Schwert aufhielten. Der ehrlose Þorbjörn fiel tot zu Boden.

Am Schluss der Saga erwähnt der Erzähler ehrfurchtsvoll, dass es noch nie einen Isländer gegeben habe, der in Konstantinopel gerächt wurde.

Bei allen Überlegungen über Bedeutung, Sinn und Zweck der Isländersagas, darf man nicht vergessen, dass sie erst mehrere Jahrhunderte nach der Besiedlung aufgeschrieben wurden. Die ältesten erhaltenen

Manuskripte sind aus dem dreizehnten Jahrhundert.
Lange Zeit hat dies zu Grabenkämpfen unter Forschern wie Fans geführt, ob die Sagas nun drei Jahrhunderte lang mündlich weitergegeben und dann
aufgeschrieben wurden oder es Schöpfungen von
Autoren aus späteren Jahrhunderten waren, die vielleicht auf frühere, heute verlorene Quellen zurück-
griffen.

Davon, dass die Isländersagas faktisch korrekte
historische Quellen wären, kann natürlich nicht die
Rede sein. Die Isländersagas haben aus historischen
Ereignissen Literatur gemacht. Dennoch finden sich
in den Texten viele Informationen, die sich auch aus
anderen Richtungen bestätigen. So haben zum Beispiel Archäologen genau dort Überreste von ver-
brannten Gebäuden gefunden, wo laut der *Saga
von Njáll* der Hof der Hauptperson samt allen darin
befindlichen Bewohnern von Feinden angezündet
wurde – genau aus der Zeit, zu der Njáll lebte.

Ausflüge zu den Schauplätzen der Isländersagas
sind auch für Touristen interessant. Bei den Ortsbe-
schreibungen sind die Sagas nämlich deutlich genauer
gewesen als andere historische Texte. Es gibt sogar
einen Straßenatlas, der zu jedem Berg, Fluss oder
Bauernhof die Sagaepisode beschreibt, die sich dort
abgespielt hat. Die Flucht des geächteten Grettirs
lässt sich auf diese Weise ebenso nachvollziehen wie
das Leben von Njáll oder Egill. Auch dies ist eine

Besonderheit von Island: Es mag zwar keine alten
Gebäude geben, die an die Geschichte des Landes
erinnern, dafür bietet die Natur noch immer dieselbe beeindruckende Kulisse, vor der auch die Sagahelden agierten.

Eine weitere Besonderheit der Sagas ist ihr Umfang.
Allein die Neuausgabe der Isländersagas im Verlag
S. Fischer umfasst 2500 Seiten, und sie ist nicht einmal eine Gesamtausgabe. Hinzu kommen dann noch
Königssagas, Bischofssagas, Rittersagas und alle möglichen anderen aus Europa importierten Textarten.
Dass die Isländer unter den damaligen wirtschaftlichen Bedingungen ein solches Maß an Arbeitskraft
und Kalbshäuten fürs Büchermachen zur Verfügung
stellten, mag man – je nach Lebenseinstellung – für
ein Rätsel halten oder für einen Beweis dafür, wie
lebenswichtig es für Menschen ist, ihre Geschichten aufzuschreiben.

Dass eine solche Menge von Sagahandschriften
erhalten geblieben ist, grenzt an ein Wunder. Allein
die schlechte Unterbringung in feuchten Höfen und
Klöstern wäre problematisch genug gewesen, und
der eher unsentimentale Umgang der Isländer mit
ihrem literarischen Erbe machte es auch nicht besser. Gerade dass viele Handschriften auf Kalbshäuten geschrieben waren, brachte sie immer wieder in
Gefahr. Mit vielen Sagas wurden Schuhe geflickt,

andere wurden in Zeiten größter Not sogar gegessen. Auf einer Handschrift hat man irgendwann ein rätselhaftes Lochmuster entdeckt. Sofort gab es Theorien, dass es sich hier um einen geheimen, wikingischen Runencode handelte, doch eine Untersuchung unter dem Mikroskop brachte etwas anderes ans Licht: Mehlspuren. Die alte Handschrift wurde als Sieb beim Kornmalen verwendet.

Dass wir heute noch über eine relativ große Anzahl von Handschriften verfügen, ist dem Isländer Árni Magnússon zu verdanken, der Anfang des achtzehnten Jahrhunderts von Hof zu Hof zog, alle Handschriften kaufte, die er fand, und in die Königliche Bibliothek nach Kopenhagen brachte. In den Siebzigerjahren kamen sie zurück nach Island und liegen seitdem im Handschrifteninstitut der Universität. Als 1971 eine Fregatte der dänischen Marine mit den ersten Handschriften im Reykjavíker Hafen einlief, hatten sich Tausende von Menschen dort versammelt, um sie zu empfangen. Vielen galt ihre Rückkehr als letzter Schritt der Unabhängigkeit von der ehemaligen Kolonialmacht.

Dass derart vielschichtige Texte wie die Isländersagas bei späteren Lesern ganz verschiedene Reaktionen auslösen, ist klar. Nachdem die Sagas und Eddas jahrhundertelang, wenn überhaupt, als Quellen zur Geschichte der heidnischen Religion und

Geschichte gelesen wurden, begeisterte man sich in der Romantik plötzlich für ihren literarischen Wert. Wer im neunzehnten Jahrhundert eine Sehnsucht nach dem Urtümlichen hegte, suchte im Norden – »Thule statt Italien« lautete die Devise. 1815 erschienen Teile der *Lieder-Edda*, übersetzt von niemand Geringerem als den Brüdern Grimm.

Einige hatten für diese literarische Wiederentdeckung ziemlich politische Motive. Patrioten hofften, den unter Napoleon leidenden deutschen Ländern ein neues Einigkeitsgefühl zu geben, wozu die Heldentaten aus der nordischen, damals auch als »urdeutsch« bezeichneten Mythologie gut geeignet waren.

Auch hier ist es wieder der vermeintlich so authentische Norden, der den Konventionen und Heucheleien des bürgerlichen Lebens eine bäuerliche Ehrlichkeit entgegensetzte. Den dekadenten Casanovas des Südens wurden die nordischen Krieger gegenübergestellt. Aufrichtig gegenüber Freund und Feind, verhandelten und taktierten sie nicht. Sie schlichen sich auch nicht wie Odysseus im Schutze einer Schafherde von dannen – sie kämpften.

Die Vorstellung, dass die isländische Literatur vom Christentum und Antike scheinbar unberührtes heidnisches Gedankengut bewahrte, machte sie attraktiv für alle, die dem Germanentum tiefere Wurzeln geben wollten.

Am sichtbarsten ist dieser Einfluss bei Richard Wagner. Der Kunsthistoriker Árni Björnsson wies nach, dass weit über die Hälfte der im *Ring des Nibelungen* verwendeten Motive ausschließlich in altisländischen Texten vorkommen. Wagner selbst listet unter den zehn wichtigsten Quellen die *Lieder-Edda*, die *Wälsungen-Saga* und die *Heimskringla* aus der *Edda des Snorri Sturluson* und schreibt von der »*urheimischen Innigkeit dieser alten Sagenwelt*«. Wagners *Ring* wäre also ohne die alten isländischen Handschriften nicht denkbar – Tolkiens *Herr der Ringe* übrigens auch nicht.

Aus dieser Tradition heraus begeisterten sich auch die Nationalsozialisten für Island. 1936 erschien eine Sagaausgabe mit dem Titel *Herrenmenschen im alten Island*. 1938 schickte sich die SS-Forschungsgemeinschaft Deutsches Ahnenerbe sogar zu einer Forschungsreise an, zog allerdings enttäuscht wieder ab, nachdem man merkte, dass nur wenige Isländer ordentlich gekleidet, blond und blauäugig waren. Außerdem hörten sie Swing.

Dem Missbrauch der isländischen Literatur tat das keinen Abbruch. Die Geschichten von den nordischen Helden, die um der Ehre willen in den Tod zogen, passten einfach zu gut. Eine 1933 erschienene Übersetzung der *Lieder-Edda* brachte es auf eine Auflage von über 100 000 Exemplaren, wobei eine der letzten Auflagen kurz vor Kriegsende exklusiv für die Hitlerjugend gedruckt wurde. Und in den Todesanzeigen gefallener Soldaten fanden sich oft Edda-Zitate, die *der Toten Tatenruhm* besangen.

Knalltüten, die die altisländische Literatur als Projektionsfläche für ihre Germanenphantasien benutzen, gibt es bis heute. Als einer von zwölf Übersetzern bin ich mit meiner Übersetzung der *Saga von Grettir* an der Neuausgabe der Isländersagas bei S. Fischer beteiligt. Ich erinnere mich noch gut an den Grusel, der uns überkam, als wir im Internet Kommentare auf Zeitungsartikel entdeckten, in denen unsere Arbeit als Rückbesinnung auf unser »wahres deutsches Erbe« gelobt wurde, nicht selten garniert mit Seitenhieben gegen das Judentum.

Aber ich bin zuversichtlich, dass es sich hierbei um eine Minderheit handelt, für die das Mittelalter keine historische Epoche ist, sondern eine Art emotionaler Selbstbedienungsladen. Auf eine Weise sind diese Dummheiten sogar hilfreich. Sie erinnern uns daran, dass es in Deutschland eine Tradition gibt, die altnordische Literatur zu bösen Zwecken missbraucht. Das dürfen wir nicht vergessen. Dennoch wünsche ich mir, dass heutige Leser die Eddas und Sagas als das wahrnehmen, was sie sind: faszinierende Literatur.

Ich möchte nun diesen Ausflug ins Mittelalter mit einem letzten Beispiel beenden, einer Strophe aus der *Lieder-Edda* über den Weltuntergang Ragnarök, übersetzt von Arnulf Krause:

> *Brüder werden gegeneinander kämpfen*
> *und sich den Tod bringen,*
> *Schwesternsöhne werden die Verwandtschaft*
> *zerbrechen;*
> *schlimm ist's in der Welt, viel Ehebruch,*
> *Axtzeit, Schwertzeit, gespaltene Schilde,*
> *Windzeit, Wolfszeit, bis die Welt zugrunde*
> *geht;*
> *kein Mann wird den andern schonen.*

Nachdem Island 1262 seine Unabhängigkeit verlor, passierte erst einmal fast sechshundert Jahre nichts, wenn man von ein paar Reformationsscharmützeln und einem Piratenüberfall aus Nordafrika absieht. Das Land blieb so arm, dass die meisten Leute Anfang des neunzehnten Jahrhunderts noch in ähnlichen Torfhäusern wohnten wie ihre Verwandten aus dem Mittelalter.

Dass Island über Jahrhunderte derart isoliert war, hat aus heutiger Sicht einen großen Vorteil: Das moderne Isländisch gleicht noch immer dem Altnordischen, das vor über tausend Jahren überall in Skandinavien gesprochen wurde, der Sprache der alten Sagas. Nicht umsonst nennen die Isländer ihre Sprache gern »das Latein des Nordens«. Schon das Schriftbild des Isländischen wirkt auf Ausländer äußerst fremd. Es gibt hier ein A, das einem E auf die Pelle rückt, und zu dem Doppellaut Æ (ei) wird, sowie zwei dem englischen »th« verwandte Konsonanten, das Ð und das Þ. Doch das ist die kleinste Schwierigkeit: Wie die deutsche Sprache, hat auch Isländisch eine Grammatik, die man an einem Nachmittag lernen kann, um dann den Rest seines Lebens immer wieder an den vielen Ausnahmen zu scheitern.

Den Isländern liegt ihre komplizierte Sprache derart am Herzen, dass sie keine Mühen scheuen, sie zu pflegen. Die obskuren Æ, Þ und Ð finden sich nicht nur auf eigens angefertigten Computertastaturen – auch Microsoft Word und Betriebssysteme für Handys gibt es auf Isländisch. Bis heute haben die Isländer ein starkes Bedürfnis, alles in ihrer Sprache sagen zu können. So entstand beispielsweise für Telefon das Wort *sími* (Draht), für Radio *útvarp* (Herauswurf); Physik wird mit Wesenslehre umschrieben. Dem Computer gaben die Isländer den Namen *tölva*, eine Mischung aus *tala* (Zahl) und *völva,* einer hellsichtigen Hexe aus der Edda. Die meisten dieser Herleitungen finde ich hochinteressant, es gibt aber auch Wörter, wie zum Beispiel *þvagfæraskurðlæknir* (Harn-In-Bewegung-Schneide-Arzt), bei denen es mir vollkommen gereicht hätte, nur das abstrakte griechische Wort »Urologe« zu kennen.

Als AIDS in den Achtzigerjahren entdeckt wurde und die ganze Welt sich fragte: Wie heilen wir es? Fragten die Isländer sich: Wie nennen wir es?

Der Namensfindungsprozess der Immunschwächekrankheit ist ein gutes Beispiel dafür, wie sich die isländische Sprache bis heute immer wieder erneuert. Es gab keine Behörde, die ein Wort erfand und dann vorschrieb. Stattdessen kamen im öffentlichen Sprachgebrauch ganz von allein zwei Worte auf: *eyðni* (Auslöschung) und *alnæmi*, eine Steigerung der bereits einige Jahrzehnte zuvor erfundenen *ofnæmi*, der Überempfindlichkeit, soll heißen: Allergie. Anfangs wurden beide Wörter in Gesprächen, der Presse und dem Radio benutzt. Schließlich setzte sich *alnæmi* durch, und AIDS heißt seitdem »Empfindlichkeit gegen alles«.

Dieser heute so lebendigen isländischen Sprache war vor zweihundert Jahren bereits der Tod vorausgesagt worden. Der dänische Islandliebhaber Rasmus Rask beschwerte sich darüber, dass das Isländische zu einem mit dänischen Lehnwörtern vermischten Kauderwelsch verkommen sei. Erst im Rahmen der Unabhängigkeitsbewegung besannen die Isländer sich wieder auf das Isländische, denn sie hatten erkannt, dass es ohne eine lebendige Sprache nie eine eigenständige Nation geben konnte.

Die Unabhängigkeitsbewegung nahm im Laufe des neunzehnten Jahrhunderts Gestalt an, und die Literatur spielte eine wichtige Rolle dabei. Dichter wie Jónas Hallgrímsson schwärmten von der guten alten Sagazeit, wodurch die Isländer langsam so etwas wie Nationalstolz entwickelten; Politiker wie Jón Sigurðsson widmeten ihr ganzes Leben dem Kampf um die Selbstständigkeit. Und doch sollte es bis 1918 dauern, bis das Land seine Unabhängigkeit bekam und weitere 26 Jahre, bis am 17. Juni 1944 endlich die Republik ausgerufen wurde. So kam es dazu, dass Island und das alte Westdeutschland denselben Nationalfeiertag hatten, wenngleich die Isländer den 17. Juni bis heute mit weitaus mehr Inbrunst, Open-Air-Konzerten und Fahnen feiern. Eine Marke für Mikrowellen-Fertiggerichte heißt bis heute »1944 – Essen für selbstständige Isländer«.

Die erste Hälfte des zwanzigsten Jahrhunderts ist auch die Zeit der großen Modernisierungen. Der industrielle Fischfang brachte Wohlstand ins Land. 1928 fing man an, Häuser mit Erdwärme zu beheizen, was, abgesehen vom höheren Wohnkomfort, eine enorme Symbolkraft besaß: Die vulkanische Aktivität, die das Land über Jahrhunderte verheert hatte, sollte den Menschen nun warme Wannenbäder und Zentralheizung bringen. Dann markierten die Isländer ihre Unabhängigkeit mit den entsprechenden Institutio-

nen, sie bauten ein Nationalmuseum, ein National-
theater und ein Universitätsgebäude. Reykjavík begann langsam auszusehen wie eine Stadt.

Wie kein anderer Schriftsteller hat Halldór Kil-
jan Laxness diese Aufholjagd in Richtung Moderne
begleitet. 1902 wurde er auf einem Bauernhof in
einer rückständigen dänischen Kolonie geboren, in
der die Wege so schlecht waren, dass es nicht einmal
Verwendung für Pferdekutschen gab. Einen professionellen Schriftsteller hatte es hier noch nie gegeben. Als er 1998 starb, gab es in Island zwei Drive-
in-Supermärkte, einen Sexshop und mehr als ein
Dutzend hauptberufliche Autoren.

Mein Großvater Magnús Þorsteinsson kam nur
wenige Jahre vor Halldór Laxness in der Nähe von
Reykjavík zur Welt. Wie die Eltern von Laxness
waren auch meine Urgroßeltern Bauern. Beide jungen Männer gingen nach Kopenhagen, sobald sie
konnten, Laxness mit siebzehn, mein Großvater bereits mit vierzehn Jahren. Mein Großvater machte
eine Lehre, kehrte zurück und gründete die erste isländische Schokoladenfabrik. Ich möchte die Paral-
lelen zwischen Magnús Þorsteinsson und Halldór
Laxness nicht überstrapazieren, schließlich hat Letz-
terer uns mehr als ein Dutzend Romane hinterlassen,
während vom Werk meines Großvaters hauptsächlich eine Süßigkeit namens »Draumur« geblieben ist,
zwei mit Schokolade überzogene Lakritzstangen, die

es allerdings bis heute überall zu kaufen gibt. Aber die Ähnlichkeiten in ihren Lebensläufen sind doch bezeichnend dafür, wie wenig Möglichkeiten das damalige Island bot.

Laxness hatte es alles andere als eilig, nach Island zurückzukehren. In den nächsten dreißig Jahren lernte er nicht nur die Welt, sondern auch viele Weltanschauungen kennen. Er schrieb Drehbücher in Hollywood, traf Brecht in Ost-Berlin, lebte in Luxemburg, Kopenhagen und London. Er konvertierte erst vom Protestantismus zum Katholizismus, dann probierte er es mit Taoismus, Expressionismus, Surrealismus und sogar mit dem Stalinismus.

Mit Mitte zwanzig legte er der Hauptfigur in seinem Roman *Der große Weber von Kaschmir* folgende Worte in den Mund:

> *Ich fahre, weil ich fahren will! Selbstverständlich will ich fahren, fahren, fahren! Was habe ich noch unter diesem Volk von Provinzlern verloren, zwischen ungehobelten Grobianen und geldgierigen Fischereibauern, in diesem Land der Volksweisheit, wo Landstreicher, Großmütter, Wahrsagerinnen und ausgediente Dorfschulzen die Bannerträger der Kultur sind. Ich werde nie eine Figur in den Märchen, die bei diesem Volk spielen. Gott segne die Berge Islands!*
> (Übersetzung: Hubert Seelow)

Doch Laxness kehrte zurück. Nach einigen Jahrzehnten des »Fahrens« baute er sich nur wenige Kilometer von seinem Heimathof entfernt ein Haus, und als er 1955 den Literatur-Nobelpreis bekam, sagte er: »Wenn ein isländischer Dichter seine Herkunft verliert, ist der Ruhm so gut wie wertlos.«

Es sind nicht nur solche Sätze, die Laxness heute als einen der letzten Heimatdichter Europas erscheinen lassen. Fast alle seine Bücher spielen in Island.

Stilistisch und thematisch hingegen könnte die Vielfalt in seinem Werk kaum größer sein. Da gibt es den Roman *Atomstation*, der die Geschichte eines Dienstmädchens erzählt, das vom Land nach Reykjavík kommt, um bei einem Parlamentsabgeordneten zu arbeiten. Dort muss sie sich bereits am Morgen von der Dame des Hauses anzicken lassen, wenn sie ihr die heiße Schokolade ans Bett bringt, und spät nachts den wohlstandsverwahrlosten Sohn ins Bett tragen, wenn die Polizei ihn sternhagelvoll vor die Haustür legt. Währenddessen wird sie Zeuge der politischen Umtriebe ihres Hausherren: Island ist im Begriff, den USA einen Teil des Landes für eine Militärbasis zur Verfügung zu stellen und den gerade unabhängig gewordenen Staat zu einer »Atomstation« zu machen.

Dieser Gedanke war vielen Isländern tatsächlich so zuwider, dass es zu Demonstrationen und regelrechten Straßenschlachten zwischen der Polizei und den Kommunisten kam, von denen es damals in Island gar nicht so wenige gab. Heute hat sich das Problem erledigt – nach dem Ende des Kalten Krieges sind die Amerikaner freiwillig abgezogen.

Im völligen Gegensatz zur *Atomstation* steht der Roman *Sein eigener Herr*. Hier geht es um die Abkehr von Politik und großstädtischem Leben. Ein Schäfer namens Bjartur hat sich in den Kopf gesetzt, einen längst verlassenen Hof wieder zu bewirtschaften. Fortan kämpft er unter härtesten Bedingungen in der Einöde ums Überleben, wobei ihm das Wohlergehen seiner Schafe wichtiger ist als das seiner Familie. Viele von Laxness' Romanfiguren sind von einem solchen Wunsch nach Unabhängigkeit getrieben. Sie sind Starrköpfe, die alles daransetzen, so leben zu können, wie sie wollen. Das ist es, was Laxness' Romane für mich so isländisch macht. Was es auch kosten mag – unabhängig zu sein, ist das, was zählt.

In den Boomjahrzehnten nach dem Zweiten Weltkrieg zog die isländische Hauptstadt so viele Arbeitskräfte an, dass eine Landflucht einsetzte, die bis heute anhält. Inzwischen wohnen siebzig Prozent der Bevölkerung im Großraum Reykjavík, und auf jeder neuen Landkarte finden sich mehr Namen von Dörfern, die eingeklammert sind, weil dort keiner mehr wohnt.

In Reykjavík wurde währenddessen der Wohnraum knapp. In den Fünfzigerjahren war die Wohnungsnot so groß, dass viele Familien in die verlassenen Armeebaracken aus dem Zweiten Weltkrieg zogen. Hier spielt Einar Kárasons Romantrilogie *Die Teufelsinsel*, *Die Goldinsel* und *Das gelobte Land*, die das Leben einer Familie voller eigensinniger Charaktere in einer Wirtschaftswunderwelt beschreibt, ihren Aufstieg aus der Baracke in die moderne Wohnung und schließlich ganz bis nach Amerika. Mit diesen humorvoll erzählten Büchern ist Einar Kárason nicht nur ein großer Erfolg gelungen – ganz nebenbei hat er mit seiner Trilogie Reykjavík als literarischen Ort bekannt gemacht, nachdem ausländische Leser lange Zeit nur ein Island der Bauernhöfe und Landschaften präsentiert bekamen.

Einar Kárason ist Teil einer ganzen Generation von in den Fünfzigerjahren geborenen Autoren, die sich mit großer stilistischer Vielfalt des in Island immer noch neuen Phänomens Großstadt annehmen. Zum ersten Mal sah ich Einar Kárason 1994 in der Heinrich-Heine-Buchhandlung im Hamburger Univiertel bei einer Lesung. Er trat zusammen mit seinem Kollegen Einar Már Guðmundsson auf, der in seinem Roman *Engel des Universums* Islands rasanten Aufbruch in die Moderne aus der Perspektive eines Menschen beschreibt, der dabei zurückbleibt: seines psychisch kranken Bruders.

Ich weiß noch genau, dass sie beide Lederjacken trugen. Ihre knappe, kraftvolle Art zu erzählen, eröffnete mir, der ich in den Jahren zuvor hauptsächlich weitschweifige, fiebrig erregte lateinamerikanische Romane gelesen hatte, eine neue Welt. Die Menschen, von denen Kárason und Guðmundsson erzählten, waren Sonderlinge – eigenbrötlerische Zausel, die nicht selten einen ziemlichen Inselkoller hatten. Und doch gelang es den beiden Autoren meisterhaft, ihre Charaktere nicht ins Fratzenhafte zu überzeichnen. Die Figuren blieben glaubwürdig, ihre Verschrobenheiten ergaben sich logisch aus ihnen selbst und nicht selten aus dem Island, das sie bewohnten. Bald begeisterten mich auch andere Autoren ihrer Generation wie Hallgrímur Helgason, Sjón, Jón Kalman Stefánsson und Steinunn Sigurðardóttir. Doch wie sehr es Einar Kárason geblieben war, der mich literarisch prägte, wurde mir erst klar, als seine deutsche Verlegerin sich vor einigen Jahren bei mir meldete. Sie hatte meinen Roman *Zuhause* gelesen und aufgrund des Stils sofort die Idee bekommen, mich zu fragen, ob ich nicht das neue Buch von Einar Kárason übersetzen wollte. Ich sagte sofort zu. Inzwischen ist es neben dem Lesen von isländischer Literatur auch das Übersetzen eine meiner wichtigsten Inspirationsquellen geworden. Und nebenbei eine gute Gelegenheit, Island auch in der Ferne nah zu sein.

»There is no life outside the city« – Reykjavík und der Alltag

Wenn ich an Reykjavík denke, kommen mir spontan zwei Bilder in den Sinn.

Das eine ist das Bild von der Hauptstraße Laugavegur. Es ist Sommer, Samstag und drei Uhr nachts. Ich komme aus einer dunklen Kneipe namens *Boston*, öffne die Tür und stehe plötzlich in gleißend hellem Licht.

Die Straßen sind voll mit Einheimischen und Touristen, die in verschiedenen Stadien der Alkoholisierung von einem Club zum nächsten laufen, Stoßstange an Stoßstange stauen sich Autos und Taxis: Am Wochenende zwischen ein und sechs Uhr nachts wirkt Reykjavík so großstädtisch wie nie.

Dann fällt mir meine Lieblingseisbude vor dem Schwimmbad von Seltjarnarnes ein, dem letzten Außenposten der Stadt, einer Halbinsel, an deren Ende ein Leuchtturm steht – dahinter kommt bis Grönland nichts mehr. Es ist Ende September. Die aufgekratzte Helligkeit des Sommers ist einem normalen Tag-Nacht-Rhythmus gewichen, der noch einige Wochen anhalten wird, dann wird es fast nur noch dunkel sein. Wie eine Insel aus Neonlicht steht die Eisbude im Herbstgrau auf einem leeren Parkplatz, umgeben von großen Einfamilienhäusern. In diesem Vorort gibt es so viele Autos wie erwachsene Einwohner – Fußgänger sieht man nie. Ich esse ein mit Blaubeeren, Lakritzkugeln und Daim-Stückchen verrührtes Softeis und sehe über die Einfamilienhäuser hinweg auf das Meer – auch bei diesem Regenwetter eine geradezu durchgeknallt schöne Szenerie. Ein Dreier-BMW mit Spoiler und getönten Scheiben kommt vorgefahren, hält vor der Eisbude, und die laute Musik im Wageninneren verstummt. Ein ungefähr 19-jähriger Junge steigt aus. Er trägt ein Manchester-United-T-Shirt, eine Jogginghose und Flip-Flops. An der Eisbude kauft er sich eine Flasche Gatorade, trinkt sie aus, raucht währenddessen zwei Zigaretten, dann setzt er sich wieder in seinen BMW und fährt davon. Im Laufe der nächsten halben Stunde sehe ich ihn noch zwei Mal vorbeifahren.

Reykjavík ist für mich eine Stadt dieser Extreme: Es gibt Momente, an denen sie über sich hinauswächst und wie eine Metropole wirkt, und Orte, an denen sie in suburbaner Tristesse zu ertrinken scheint.

Dass die Reykjavíker Vororte einen derart leblosen Eindruck machen, liegt daran, dass alle Einwohner dauernd unterwegs sind. Früher konnte nur überleben, wer nicht nur Kartoffeln anbaute, sondern nebenher noch Schafe züchtete und zum Fischen ging, und bis heute arbeiten die Isländer viel. Sie sind *duglegir*, tüchtig, die Rente mit 67 gab es schon immer, viele arbeiten freiwillig noch länger. Und auch in der Freizeit sind die Reykjavíker dauernd auf Achse, fahren vom Weiterbildungskurs im Business-Englisch zur Ausstellungseröffnung einer hobbymäßig malenden Kollegin, vom Besuch bei Oma zum Handballspiel des Sohnes oder zum Schwimmwettkampf der Tochter. Die Reykjavíker wollen überall gleichzeitig sein – vielleicht, um den Eindruck zu erwecken, ihre Stadt sei großstädtischer und belebter, als sie eigentlich ist.

Bei den Touristen hat es Reykjavík lange Zeit schwer gehabt. Die ersten Islandtouristen im neunzehnten Jahrhundert waren sich einig darin, was für ein ärmlicher, hauptsächlich von Hunden und Fliegen bevölkerter Ort es sei – von Stadt sprach dabei niemand. Auch im zwanzigsten Jahrhundert war Island kein Land wie Frankreich oder Italien, wo der Besuch der Hauptstadt einen echten Höhepunkt darstellt. Reykjavík war das moderne Island, das aus Beton und Bürojobs bestand – das echte und bei den Touristen beliebte Island lag auf dem Land, am Gletscher, auf dem Rücken der Pferde. Aber kann die stille Landschaft wirklich noch das echte Island sein, wenn siebzig Prozent der Bevölkerung im Ballungsraum Reykjavík wohnen? Oder ist das echte Island vielmehr die morgendliche Fahrt durch den Berufsverkehr zur Arbeit mit Zwischenstopp beim Kindergarten und hastigem Supermarktbesuch in der Mittagspause?

Ich muss zugeben, dass Reykjavík sich lange Zeit nur wenig Mühe gegeben hat, als Reiseziel attraktiv zu sein. Viele Touristen kamen im *Hótel Ísland* im Gewerbegebiet unter, einem Plattenbau, der durch die im Keller gelegene Disco *Broadway* nicht beschaulicher wurde. So konnte man es naturliebenden Reisenden nicht verdenken, dass sie in Reykjavík nur kurz den Regierungssitz fotografierten, auf dem Laugavegur einen Wollpullover kauften und sich dann ins echte Island verdrückten. Doch seit einigen Jahren lockt das Reykjavíker Stadtzentrum mit Geschäften und Museen und einer wachsenden Zahl von Cafés und kleinen Hotels immer mehr Besucher an und ist dabei, seinen Ruf als Touristen-Turnoff zu verlieren.

166

Zwischen dem schon immer attraktiven ländlichen Island und dem langsam beliebter werdenden Stadtzentrum von Reykjavík liegt das Island meiner Kindheit: Die Vororte der isländischen Hauptstadt mit ihren vielleicht nicht besonders schönen, aber dafür sehr erdbebensicheren Einfamilienhäusern aus Beton. In einem dieser Häuser in Reykjavík-Breiðholt, das einem guten Freund meines Vaters gehört, haben wir viele Sommer gewohnt und dabei einen Großteil unserer Zeit damit verbracht, in andere Vorstädte zu fahren und befreundete Familien zu besuchen.

Die meisten Isländer leben in diesen Vororten, die in das erkaltete Lavagestein hineingesprengt und durch gut ausgeleuchtete Straßen mit dem nächsten Kino im nächsten Einkaufszentrum verbunden sind. Im Vergleich zu Deutschland fällt auf, dass die Häuser die jeweiligen Grundstücke fast ganz ausfüllen. Der Garten ist auf einen schmalen Rasenstreifen beschränkt: Da man sich ohnehin nur ein paar Wochen im Jahr draußen aufhalten kann, bauen die Isländer lieber ihre Häuser so groß wie möglich. Die größte Freifläche ist die Garagenauffahrt, unter der viele Isländer ihre Heißwasserrohre verlegen, damit der Weg im Winter eisfrei bleibt. In einer normalen isländischen Garage lagern Baumaterial, Angelsachen und Zelte, nur Autos stehen darin nie. Auch bei dem stärksten Sturm, der ohne weiteres Kofferraumklappen aufreißen kann, kenne ich niemanden, der sein Auto in die Garage fährt, sei es aus Bequemlichkeit oder aufgrund der Einstellung, dass Autos, anstelle eines Vorgartens, ein schöner Schmuck für das Haus seien.

Denn nicht nur auf dem Land, sondern auch in Reykjavík ist alles auf das Auto ausgerichtet. Im Bus sitzen nur einige wenige Rentner, geistig Behinderte, Kinder und philippinische Krankenschwestern. Alle anderen fahren Auto und beäugen die wenigen Leute, die wie ich auch mal im Vorort zu Fuß unterwegs sind, mit einer Mischung aus Verwunderung und Mitleid.

So wirkt nicht nur das Reykjavíker Zentrum mit seinen Kneipen und Clubs lebendiger als andere Städte vergleichbarer Größe – auch die Schlaf- und Trabantenstädte wirken viel entrückter als in Deutschland, fast schon wahnhaft ruhig: Als spiele sich das Leben nur noch in Häusern und Autos ab. Ich habe einmal einen langen Winter in einem dieser Vororte verbracht – mein Lieblingslied während dieser Zeit war »Asphalt Beach« von der norwegischen Band Briskeby mit der Textzeile: »There is no life outside the city …«.

Infolge des langen Winters hat das Wohnen einen noch größeren Stellenwert als in Deutschland. Die Häuser in den Vororten sind mehr als nur Häuser, sie sind Symbole für den ausgeprägten Drang der Isländer nach Unabhängigkeit. Alle Familien, die es sich irgendwie leisten können, bauen sich ein Haus und versuchen, nachdem der Rohbau einmal steht, im Innenausbau so viel wie möglich selbst zu machen. Ganz normal einen Handwerker über das Branchenbuch zu besorgen käme für den durchschnittlichen isländischen Familienvater einer Kapitulation gleich. Stattdessen tut er sich mit Freunden und Verwandten zusammen und streicht, schraubt und kachelt nach Feierabend noch jahrelang in seinem Haus herum. Als ich den ersten Sommer in Reykjavík-Breiðholt verbrachte, war nur ein Haus in der ganzen Straße von außen gestrichen – bei einem fehlt noch heute das Balkongeländer.

So sind diese Häuser gerade in ihrer Unfertigkeit Stein – oder eher Beton – gewordene Sinnbilder für die isländische Familie. Zum einen weil sie von Paaren bewohnt werden, die oft drei oder vier Kinder haben – Island hat, nach Israel und Irland, die höchste Geburtenrate der westlichen Welt. Und zum anderen weil bei ihrem Bau die Hilfe von Verwandten in Anspruch genommen wird. Die Isländer sind auch deswegen so familienbewusst, weil man nie weiß, wann man seinen entfernten Cousin, den Fliesenleger, einmal braucht, oder weil die Cousine zweiten Grades mit einem Klempner verheiratet ist und Baumaterialien zum Großhandelspreis beschaffen könnte. Indem die Isländer sich gegenseitig helfen, wo es nur geht, vergewissern sie sich des Zusammenhalts ihrer Gesellschaft. Ein Isländer, der mit seinen Verwandten in seinem Haus heimwerkert, vereint alle drei zentralen Aspekte des isländischen Lebens: Arbeit, Familie und Eigenheim.

Vollkommen normal ist es, dass am Türschild eines Hauses für jeden Bewohner ein eigener Nachname steht, wobei ich Nachname hier eigentlich in Anführungsstriche setzen müsste, denn in Island gibt es keine einheitlichen Familiennamen, wie man das aus Deutschland kennt. Der Vorname ist im Grunde der Name. An ihn wird lediglich noch der Name des Vaters plus -son für Jungen oder -dóttir für Mädchen angehängt: Wenn Gunnar einen Sohn namens Smári und eine Tochter namens Aðalbjörg hat, heißen sie Smári Gunnarsson und Aðalbjörg Gunnarsdóttir. Dieser Vatersname – heute ist es auch möglich, den Namen der Mutter zu verwenden – ist lediglich eine zusätzliche Information, die hilfreich ist, wenn man mit unbekannten Leuten redet, denn Verwandschaftsverhältnisse sind das Smalltalkthema Nummer eins. Fast jedes Gespräch landet schnell bei Fragen wie: Wie heißt deine Schwester? Ist dein Vater nicht mit meinem Onkel in derselben Klasse gewesen? Fragen, die nicht so sehr darauf abzielen herauszufinden, *ob* man verwandt ist, sondern vielmehr: *wie*. Aber der Vorname bleibt der eigentliche

Name, bei dem sich alle Isländer anreden, egal, ob ein Schüler mit seinem Lehrer oder ein Kellner mit der Ministerpräsidentin spricht – auch das Telefonbuch ist nach Vornamen sortiert.

Wie zur Zeit der Sagas haben die Isländer noch heute eine Vorstellung von Familie, die weit über die klassische Kernfamilie hinausgeht. Es scheint sogar, als habe der technische Fortschritt der letzten Jahre dem Großfamiliendenken eine noch größere Bedeutung verschafft: Unter www.islendingabok.is kann jeder Isländer herausfinden, über wie viele Ecken er mit einem beliebigen Landsmann verwandt ist. In der Zeit, nachdem das Íslendingabók online ging, habe ich mich regelmäßig mit Freunden getroffen, um die Namen von Expartnern, flüchtigen Affären oder neuen Flirts einzugeben. Eine phantastische Erfindung, ohne die ich bis heute nicht wüsste, dass ich von einem legendär erfolglosen norwegischen König namens Harald dem Barfüßigen abstamme.

Das Unternehmen DeCODE versucht sogar, mit diesen Stammbäumen in Kombination mit historischen Krankenakten und Informationen aus dem Erbgut der lebenden Isländer die genetischen Ursachen von Krankheiten wie Krebs oder Diabetes zu erforschen. Wirtschaftlichen Erfolg hat DeCODE damit bis heute nicht, und doch zeigt allein schon die Idee, welche vielfältigen Aspekte das Thema Familie heute in Island hat.

Die weiteren Freizeitaktivitäten der Isländer ähneln denen in anderen westlichen Ländern, haben allerdings ihre ganz besondere, insulanisch eigenwillige Ausprägung.

So gab es bis in die Achtzigerjahre donnerstags kein Fernsehen – nicht etwa aus kulturpädagogischen Erwägungen, sondern einfach, weil dafür das Geld fehlte.

Es war die Zeit, zu der eine der beliebtesten Sendungen aus Deutschland kam: *Derrick*. Ob aus Begeisterung oder mangels Alternative, fast das ganze Land schaute über Jahre hinweg Horst Tappert beim Ermitteln und Fritz Wepper beim Wagenholen zu. Da *Derrick*, wie heute noch alle ausländischen Sendungen, im Original mit Untertiteln lief, gibt es bis heute Isländer, die bei Deutschland an Derrick denken und Sätze sagen wie: »Es tut mir leid, Ihre Frau ist tot.« Als Horst Tappert starb, meldeten sich drei isländische Freunde per SMS und sprachen mir ihr Beleid aus.

Heute ist das Fernsehen eine Mischung aus bekannten Serien aus den USA, England oder Skandinavien und skurrilen Eigenproduktionen wie zum Beispiel einer Realityshow namens *Grillpinnar*, in der zwei Männer mit einem Mofa einen Sommer lang durch das Land fuhren, um mit prominenten Isländern zu grillen. Auch die beliebteste Sendung ist eine isländische Eigenproduktion: *Áramótaskaup*

wird jedes Silvester von 95 Prozent aller Isländer gesehen. Es handelt sich hierbei nicht um eine immer-
gleiche Nostalgiesendung á la *Dinner for one*, sondern
um einen satirischen Jahresrückblick, der alle wichtigen Ereignisse und Personen des politischen und
gesellschaftlichen Lebens aufs Korn nimmt und dadurch nicht erst seit der Krise von 2008 eine enorme
Durchschlagskraft besitzt.

Dann gibt es noch den *Eurovision Song Contest*,
den sich allein schon deswegen kaum ein Isländer
entgehen lässt, weil hier ein Landsmann vor einem
Millionenpublikum singt. Bei den meisten anderen
wichtigen Fernsehereignissen steht der Sport im Mittelpunkt. Hierbei ist es nicht der Fußball, der alles
dominiert, sondern Handball.

Die isländische Nationalmannschaft hat dem Land
die bislang größten sportlichen Erfolge gebracht: eine
Bronzemedaille bei der Europameisterschaft und einmal Silber bei den Olympischen Spielen in Peking.
Und auch viele deutsche Handballclubs haben einen
Teil ihres Erfolges Isländern zu verdanken: Mehr als
ein Dutzend von ihnen spielen in der Bundesliga,
vier deutsche Spitzenmannschaften wurden 2010 sogar von Isländern trainiert.

Wenn die Fußballnationalmannschaft spielt, schaut
man sich das Spiel vielleicht zu Hause an, wenn
man gerade nichts Besseres zu tun – spielt hingegen die Handballmannschaft, spürt man das in der

ganzen Stadt. Während der EM 2002 wollte ich mir nachmittags eine Univorlesung im großen Hörsaal anhören und wunderte mich schon am Eingang, warum sich auf einmal so viele Leute für die Literatur des neunzehnten Jahrhunderts interessierten. Die Vorlesung war abgesagt, Island war im Halbfinale, und das Spiel wurde auf der großen Leinwand übertragen.

Eine andere körperliche Aktivität hat eine Bedeutung, die weit über den Sport hinausgeht: das Reiten auf dem Islandpferd. Meine persönliche Begegnung mit Islandpferden beschränkt sich auf eine Reittour vor ungefähr zwanzig Jahren, die nach einigen Minuten mit einem Asthmaanfall endete und mir klarmachte, dass ich gegen Tierhaare allergisch bin. Seitdem betrachte ich die Islandpferde eher als Phänomen aus der Ferne. Wahrscheinlich gibt es bis heute weltweit mehr Fans dieses Huftieres als Fans von Björk. Allein in Deutschland gibt es fast so viele Islandpferde wie auf der Insel selbst. Ihre Besitzer und Züchter wissen alles über dieses Tier, was allerdings nicht bedeutet, dass sie sich zwingend auch für die Kultur und Gesellschaft seines Herkunftslandes interessieren. Das Islandpferd ist mehr als nur ein Pferd, es ist ein Symbol, das pars pro toto für das ganze Land steht wie die Zigarre für Havanna oder Whiskey für Schottland. Es lockt jedes Jahr aufs Neue Au-pair-Mädchen auf isländische Bauernhöfe und bringt Touristen ins Land, die auf geführten Wanderungen über das unebene Terrain reiten, für das die Pferde eine Gangart namens *Tölt* entwickelt haben, um nicht dauernd zu stolpern. Den *Tölt* gibt es sonst nirgendwo auf der Welt – der insulanische Eigenwille ist also nicht nur auf die menschlichen Isländer beschränkt.

Zu dem Konzept, Reykjavík großstädtischer erscheinen zu lassen, als es eigentlich ist, gehört auch ein umfangreiches Kulturschaffen seiner Einwohner. Neben den professionellen Schriftstellern und bildenden Künstlern gibt es eine große Menge von Isländern, die neben ihrem eigentlichen Job auf hohem Niveau schreiben, malen oder Musik machen, eine Bauingenieurin etwa, die Krimis schreibt, oder einen Krankenpfleger, der Filme macht. So etwas gibt es natürlich in allen Ländern, doch in Island steckt hinter diesen Aktivitäten nicht nur künstlerischer Schaffensdrang, sondern auch der Wunsch, alles haben zu wollen, was es im Rest der Welt gibt. Und wenn man in einem Land von 330 000 Einwohnern eine Kunstperformance haben will, muss man entweder sehr lange warten, bis ein Profi kommt – oder man macht sie eben selbst.

Auch den professionellen Künstlern ermöglicht es die isländische Realität nur selten, in ihrer jeweiligen Nische zu verschwinden. Es gibt malende

Pianisten, schreibende Bildhauer und musizierende Regisseure – Kunst soll nicht in erster Linie die Anforderungen einer Gattung erfüllen, sondern das momentane Lebensgefühl ausdrücken. Im schlechten Fall führt das zu ziemlich dilettantischen Leistungen, doch wenn es gut läuft, sind die Resultate erfrischend und originell.

Jedes Jahr am Ende des Sommers gipfelt das allgemeine künstlerische Schaffen in der *Menningarnótt*, die alles präsentiert, was in Island im letzten Jahr gemalt, geschrieben und konzipiert wurde. Schon am Mittag vor dieser langen Nacht der Kultur ist in der Innenstadt kein Parkplatz mehr zu bekommen, und am Nachmittag stehen auch die Mittelstreifen der Ausfallstraßen komplett mit Autos voll. Dann wird an Straßenecken, in Geschäften, Bankfilialen und Privatwohnungen alles gezeigt, was im weitesten Sinne als Kunst durchgehen kann: Von Showstricken über moderne Lyrik bis zur Minioper für Kinder. Fast ein Drittel der isländischen Bevölkerung strömt zu diesem Großereignis in die Innenstadt von Reykjavík. Bei der *Gay Pride Parade*, die auch meist im August stattfindet, sind es nicht wesentlich weniger. Auch hier ist es selbstverständlich, dass ganze Familien kommen und Väter ihre kleinen Söhne auf den Schultern tragen, damit sie die Dykes on Bikes und die Drag Queens besser sehen können.

Ein anderes Ereignis kehrt diese Massenbewegung um und lässt Reykjavík fast zu einer Geisterstadt werden: das *Verslunarmannahelgi* Anfang August. Am Montag nach diesem »Wochenende der Ladenbesitzer« sind traditionell alle Geschäfte geschlossen, und einem kollektiven Drang zur Stadtflucht folgend, fährt ganz Reykjavík für ein verlängertes Wochenende aufs Land und besucht Freiluftfestivals.

Das größte dieser Festivals findet auf der Westmänner-Insel Heimaey statt, auf der sich am Ladenbesitzerwochenende viermal mehr Menschen aufhalten, als die Insel Einwohner zählt. Die Fähre *Herjólfur* und die Inlandsfluggesellschaften sind im Dauereinsatz. Riesige Zeltstädte entstehen. In der isländischen Wikipedia steht: »Dieses Wochenende ist für den enormen Alkoholkonsum unserer Landsleute bekannt.« Fünfzehntausend Isländer feiern ausgelassen und, von diversen Schlägereien abgesehen, friedlich bei meist schlechtem Wetter hier den Höhepunkt ihres Sommers. In Reykjavík ist es währenddessen so ruhig, als habe man die Stadt bis auf ein paar Campinghasser, Stubenhocker und Hardcoreindividualisten evakuiert.

Als ich sehr klein war und meine Eltern noch große Partys feierten, zu denen immer auch Mitglieder des Vereins der Isländer in Hamburg kamen, spielte mein Vater gern eine Platte, auf der die isländische

Riot Girl Band *Grílurnar* von dem Mädchen »Sísí«
sang, die nähend in ihrem Suzuki ausflippte. Dass
die isländische Popmusik in der Welt jemals irgendeine Bedeutung bekommen könnte, hätte damals
niemand geahnt.

Einige Jahre später lief ich als nunmehr Elfjähriger
mit meinem Vater durch *Ingos Plattenkiste* in Hamburg. Da hörten wir, wie ein anderer Kunde einen
Mitarbeiter auf die Musik ansprach, die im Laden lief,
und fragte, wer die Frau sei, die da so phantastisch
singe, so etwas habe er noch nie gehört. Der Verkäu-
fer meinte, das sei eine Isländerin namens Björk. Die
Sugarcubes, deren Sängerin sie damals war, kamen
internationalem Ruhm so nahe wie keine Isländer
vor ihnen, und doch wurde Björk erst mit Beginn
ihrer Solokarriere zum Weltstar. Seit ihrem Erfolg
war es für Bands nicht gerade hinderlich, aus Island
zu kommen. Einige Jahre nach ihr feierte die Band
Sigur Rós um Sänger Jónsi Birgisson mit der mini-
malistischen Grandezza ihrer Songs in England und
im Rest von Europa Erfolge – in den USA sind sie
sogar bekannter als Björk. Die Technoband Gus-
Gus etablierte sich in der Clubszene und Múm bei
den melancholischen Indie-Boys; Emilíana Torrini,
deren italienischer Vater die erste Pizzeria von Island
eröffnete, landete mit: »Jungle Drum« einen Hit, der
neulich sogar bei meinem Zahnarzt in Hamburg-
Schnelsen lief.

So unterschiedlich die Musik von Sigur Rós, Múm, Emilíana Torrini oder Björk sein mag – eins haben sie gemeinsam: Sie werden von der internationalen Musikpresse gern als »Elfen« bezeichnet. In den letzten Jahren scheinen diese Fabelwesen zur wichtigsten Metapher für alles Isländische geworden zu sein – und das nicht ganz zu Unrecht: Elfen, Zwerge und andere, unter dem Begriff »verstecktes Volk« zusammengefasste Wesen bevölkern nicht nur die alte Literatur, sie gehören bis heute zum Aberglauben der Isländer. Im Reykjavíker Smáíbúðarhverfi gibt es eine Grundschule, einen freundlich bemalten Neubau mit großen Fenstern, durch die auf einer ganzen Seite des Gebäudes allerdings kaum Licht dringt, da die Schule direkt an einem Hügel steht. Eigentlich sollte dieser im Zuge der Bauarbeiten planiert werden, doch nachdem immer wieder Maschinen kaputtgingen und der Bauleiter sich schließlich den Fuß brach, als er den Hügel betrat, vermutete man, dass hier Elfen wohnten, und ließ den Hügel, wo er war. Auch die um Elfensteine herumgebauten Landstraßen, von denen Reiseführer so gern berichten, gibt es wirklich, ebenso wie die »Elfenbeauftragte« von Hafnafjörður, einer Stadt im Speckgürtel von Reykjavík, von der es eine Karte gibt, in der die Wohnorte von Elfen verzeichnet sind. Dennoch ist Island keine Elfeninsel. Im Allgemeinen ertragen die Isländer die Klischees über ihr Land mit viel Geduld. Und doch geht es nicht wenigen Isländern auf die Nerven, im Ausland dauernd auf die Elfen angesprochen zu werden, was dazu führte, dass ich in meinem in Island spielenden Roman *Zuhause* schrieb:

> *In diesem Sinne waren Elfen für Isländer das, was für die Deutschen die Nazis waren. Mit dem Unterschied, dass es in Deutschland kaum Menschen gab, die behaupteten, kleine Horden androgyner SA-Männer schwebten in ihrem Garten herum und böten bei bestimmten häuslichen Verrichtungen ihre Hilfe an. Auch fand es im Ausland niemand besonders niedlich, wenn man behauptete, die Felsenwohnungen unsichtbarer Obersturmbannführer würden Bauprojekte verhindern.*

Aufgrund der vielen erbosten Nachfragen auf Lesungen, die mir diese Zeilen einbrockten, möchte ich klarstellen, dass ich hier keineswegs Elfen mit Nationalsozialisten vergleiche. Auch habe ich nie behauptet, dass es Elfen nicht gebe. Das Einzige, was es nicht gibt, ist der enorme Stellenwert, den ausländische Medien und das Tourismusmarketing den Elfen beimessen. Es scheint ja fast so, als würde jeder Isländer die Elfenbeauftragte von Hafnafjörður konsultieren, bevor er einen Spaten in die Erde sticht und eine Tulpenzwiebel setzt.

Aber das stimmt nicht. Richtig hingegen ist, dass die Reykjavíker über die Leute aus Hafnafjörður Witze machen wie die Frankfurter über die Offenbacher und die New Yorker über New Jersey. Warum ausgerechnet die Stadt Hafnafjörður, in der sich kaum sichtbare Sehenswürdigkeiten finden lassen, auf die Idee kam, geführte Touristenwanderungen zu den unsichtbaren Wohnstätten der »versteckten Völker« anzubieten, ist eine interessante Frage. Handelt es sich hierbei um echten Volksglauben oder um Schmu, oder ist dies ein schöner Beweis für das Talent der Isländer, auch einer glanzlosen Realität mit viel Phantasie etwas abgewinnen zu können?

Ich kenne immerhin einen Mann, einen Grundschulfreund meines Vaters, der einen Stein im Garten hat, in dem Elfen wohnen, mit denen er jeden Abend spricht. Wenn es auch nur wenige Isländer geben mag, die auf diese Art an Elfen glauben, findet sich doch kaum jemand, der ihre Existenz rundweg bestreiten würde. Warum sollte man das auch tun? Nachher stellt sich heraus, dass es sie doch gibt, und dann hat man es sich völlig ohne Grund mit ihnen verdorben. So begegnet die Mehrheit der Isländer dem Thema Elfen mit Respekt, ohne daraus eine hochemotionale oder todernste Angelegenheit zu machen. Als ich einmal meinen alten Onkel Níels fragte, ob er an Elfen glaube, antwortete er: »Ich bin selber bald schon eine.«

Die tolerante Einstellung der Isländer zu ihren Elfen ist bezeichnend für die undogmatische Weltsicht, die im Lande herrscht: Selbst bei einem derart verrückt wirkenden Thema ist eine gehörige Portion Pragmatismus dabei, selbst in ihrer Mystik stehen die Isländer mit beiden Beinen auf dem Boden. Auch der Aberglaube hat eine ganz eigene isländische Logik, wie so vieles in diesem Land, in dem Bier lange Zeit verboten war, Schnaps hingegen immer erlaubt. Doch dazu gleich.

In einem Land, in dem das Eigenheim und die Familie eine wichtige Rolle spielen, hat logischerweise auch das Essen eine große Bedeutung. Wer schon einmal in Island war, wird jetzt wahrscheinlich an gesäuerte Hammelhoden denken oder *hákarl*, einen Hai, der seinen Harnstoff im Blut speichert, sodass das Fleisch erst mehrere Monate fermentiert werden muss, bevor es zwar immer noch riecht wie eine aus dem Pissoir gezogene Makrele, aber zumindest ohne größere Geschmacksirritationen gegessen werden kann. Manche mögen *hákarl* sogar richtig gern. Sagen sie zumindest. Für mich gehört sein strenger Geruch zum isländischen Januar dazu, zu den Tagen, an denen die Isländer ihn zum *Þorrablót* essen, dem traditionellen Fest, das den Höhepunkt des Winters markiert. Wirklich gemocht habe ich diesen stinkenden Hai noch nie. Schon mein Vater isst *hákarl* nicht gern. Bei unseren Freunden und Verwandten kommen eher ohne viel Brimborium zubereitete Fisch- und Lammgerichte auf den Tisch. Und Haifisch hin, Schafshoden her: Ein fangfrischer gedünsteter Heilbutt mit Kartoffelbrei oder eine Lammkeule mit den typisch isländischen, in Zucker geschwenkten, braunen Kartoffeln, sind das beste Essen auf der Welt!

Warum ausgerechnet das Grillen so eine große Bedeutung in Island bekommen hat, ist mir bis heute ein Rätsel. Doch es ist so. Egal, ob Sommer oder Winter, ob auf der Terrasse hinterm Haus oder auf dem Balkon einer Hochhauswohnung – überall sitzen Familienväter und wenden Steaks. Wenn Island auch generell ein Land sein mag, in dem die Gleichberechtigung weit fortgeschritten ist, habe ich in all den Jahren nie eine Frau an einem Grill gesehen.

Da die isländischen Männer es geradezu als Menschenrecht ansehen, bei jedem Wetter grillen zu können, hat sich der übliche deutsche Holzkohlegrill nie durchgesetzt. Wenn man ihn in dem isländischen Regen, der meist eher von der Seite als von oben kommt, überhaupt angezündet bekäme, würden erst die Würstchen nass werden und dann die Asche fortwehen. Die Isländer grillen mit Gas. Der isländische Grill ist ein schweres, schwarzes Ungetüm, in dem eine Flamme einige Lavasteine erhitzt. Darüber befindet sich ein Gitter für das Grillgut, das mit einem massiven Deckel vor Wind und Wetter geschützt

werden kann. So muss auch im Winter niemand auf
das Grillen verzichten – die Herausforderung besteht lediglich darin, das Steak durch den Schneesturm einigermaßen warm von der Terrasse ins Ess-
zimmer zu bringen.

Auch Hamburger werden gern gegrillt und gern
gegessen. Doch obwohl die Isländer eine große Affi-
nität zu Fastfood haben, konnte McDonald's nie Fuß
fassen. Von den ehemals vier Filialen musste die letzte
im November 2009 mangels Umsatz schließen, und
wieder einmal war eine im Rest der Welt erfolgrei-
che Idee an der isländischen Eigenwilligkeit gescheitert: Die Isländer lieben Hamburger, aber nur, wenn
sie in Restaurants und American Diners frisch und
nach ihren eigenen Wünschen zubereitet werden.
Dieses Brat-on-demand schätzen die Isländer so sehr,
dass die pampigen Standard-Burger unter den Heiz-
lampen von McDonald's liegen blieben.

Das bedeutendste Fastfood ist ohnehin bis heute
das Hotdog geblieben. Meine lebendigsten Kind-
heitserinnerungen an Island sind Fahrten mit meinem Vater zu einer Würstchenbude am Reykjavíker Hafen, die den Namen »Die Besten der
Stadt« trägt, was eine schamlose Untertreibung ist,
da es sich hier um die beste Würstchenbude der
Welt handelt. Jeden Tag bilden sich hier Schlan-
gen von Angestellten, Touristen und vielen Vätern
mit ihren Kindern, die *eina með öllu* kaufen, »eine

mit allem«: Ein Würstchen im Brötchen mit Senf, Ketchup, Remoulade, rohen Zwiebeln, gerösteten Zwiebeln und saurer Gurke. Diese Hotdogs werden, wie alles in Island, mit Kreditkarte bezahlt. Bill Clinton war schon hier, und an dem Tag, nachdem Metallica bei *Bæjarins Beztu* gegessen hatten, schaltete die Würstchenfabrik in den Zeitungen ganzseitige Anzeigen mit dem Logo der Firma und darunter einem in der Metallica-Schriftart geschriebenen Satz: »And nothing else matters.«

Das Verhältnis der Isländer zum Alkohol ist eine Gratwanderung zwischen Verteufelung und Exzess. Wie in Norwegen und Schweden, gibt es Alkohol auch in Island bis heute nur in staatlichen Läden zu kaufen, im ÁTVR, dem Alkohol- und Tabakladen des Staats oder, wie es kurz von allen genannt wird, im *ríkið*, im Staat. Wenn ein Isländer sagt, er gehe »zum Staat«, bedeutet das, er will Alkohol kaufen. Ich kenne keine Läden, die auf so radikale Weise nüchtern eingerichtet sind. Die schmucklosen Regale sind von schonungslosem Neonlicht ausgeleuchtet, alles wirkt abwaschbar, prosaisch, fast klinisch – der Kunde soll genau wissen, was er hier tut. Erst auf Umwegen schleichen sich auch hier wieder Skurrilitäten ein: Als ich einmal bei einem befreundeten Autorenkollegen zum Grillen eingeladen war, trug er eine Schürze mit dem Logo des staatlichen Alkohol- und Tabakladens. Dass eine derart sachliche, nicht auf Gewinn ausgerichtete Institution Werbegeschenke verteilte, wunderte nicht nur mich. Auch die anderen Gäste fragten sich, nach welchen Kriterien diese Geschenke vergeben werden – vielleicht an besonders gute Kunden?

In einem weiteren Versuch, den Alkohol zu ächten, wurde einem einheimischen Schnaps namens Brennivín der Beiname »schwarzer Tod« gegeben. Fortan durften die Flaschen nur noch mit einem schwarzen Etikett verkauft werden, das an eine Todesanzeige erinnert. Man muss nicht viel über Coolness und Popkultur wissen, um zu ahnen, dass das kümmelbasierte Gesöff, das zuvor als billiger Fusel galt, bald darauf einen Kultstatus erreichte, den es bis heute hat. Die Isländer sind immer eine Schnapsnation gewesen. Da sie nicht auf teure Importware und antreibende Cognacfässer von havarierten französischen Schonern angewiesen sein wollten, haben die Isländer selbst gebrannt und bemerkenswerte Techniken entwickelt, den dabei entstehenden Sprit zu verfeinern. Als ich Kind war, haben wir einmal einen Schulfreund meines Vaters besucht, der die Erwachsenen in der Runde fragte, was sie trinken wollten. Auf die Gegenfrage: »Was hast du denn?« antwortete er: »Eigentlich alles. Gin, Rum, Cognac, Whiskey.« Nachdem die Gäste ihre Wünsche geäußert hatten, stellte er einen durchsichtigen selbst gebrannten Schnaps auf den Tisch, schenkte allen davon ein und rührte dann verschiedende Pulver aus kleinen Plastikdöschen hinzu, auf denen Gin, Rum, Cognac und Whiskey stand. Lange Zeit konnte man solche Aromen in den Supermärkten kaufen, ebenso wie Pulver mit der Aufschrift »Rotwein« und »Weiß-wein«.

Heute wird so etwas nicht mehr gemacht. Es ist ein Überbleibsel aus der Zeit, zu der die isländische Trinkkultur noch völlig auf Schnaps ausgerichtet war. Aus Gründen, die mir bis heute niemand überzeugend erklären kann, wurde Bier nämlich 1915 verboten und war in den Nachkriegsjahrzehnten eine der begehrtesten Schmuggelwaren. Das Bierverbot wurde auf eine Weise zu Fall gebracht, mit der niemand gerechnet hätte: durch die Einführung des alkoholfreien Bieres. Nachdem es ins Land kam, kauften die Leute es wie verrückt und schütteten sich ein oder zwei Schnäpse hinein. Die hässlichen Kater, die dieses Gepansche zur Folge hatte, brachten die Regierung dazu, das Bier zu legalisierten. Ende der Achtzigerjahre war es so weit: Der 1. März 1989 ist eine Geschichtszahl, die alle Isländer ebenso auswendig können wie ihren Unabhängigkeitstag: der Tag der Legalisierung des Bieres. Der B-Day.

Ein ähnlich neues Phänomen sind Strip-Clubs, von denen die ersten Anfang der Neunzigerjahre in Reykjavík eröffneten. Prostitution war in Island nie richtig erlaubt, doch wie beim Bier kamen auch hier phantasiebegabte Gastronomen auf eine Idee, die puritanischen Gesetze zu umgehen, und boten ihren Gästen in Bars wie Maxim's Whiskey Erotic Club oder Club Clinton die Möglichkeit, eine Stripperin für einen so genannten »Privattanz« zu buchen, der in einem geschlossenen Raum stattfand. Als bald darauf auch diese Privattänze in geschlossenen Räumen verboten wurden, fanden die Nachtclubbesitzer heraus, dass die Behörden oder vielmehr: der Bürgermeister des Reykavíker Vororts Kópavogur die Gesetze herrenfreundlicher auslegte als alle anderen. Privattänze waren in Kópavgur weiterhin erlaubt, sofern sie nicht in geschlossenen Räumen stattfanden, sondern, wie im Club Goldfinger, in durch Vorhänge abgeteilten Separées, in denen sich ein Liegesessel befand, ähnlich denen, die wahrscheinlich bei vielen der Gäste auch zu Hause zum Fußballkucken standen.

Inzwischen steht Prostitution für die Freier unter Strafe, und es darf – offiziell – auch nicht mehr gestrippt werden. Ich bin gespannt, wann die Clubbesitzer nun die ersten nächtlichen Bademodenschauen veranstalten.

Das Reykjavíker Nachtleben nimmt, von solchen Reglementierungen unberührt, Wochenende für Wochenende seinen wilden Lauf. Ein klassischer

Ausgehabend beginnt zu Hause. Um Geld zu sparen, glühen alle bis elf oder zwölf Uhr in den Vororten vor. Dann beginnt der *rúntur* – ein unübersetzbares isländisches Wort für die Reykjavíker Art von Nachtvergnügen, die sich ebenso viel in den Kneipen wie auf den Straßen und in den Autos abspielt. Wer noch fahren kann, lädt seine Freunde ins Auto, macht die Fenster herunter, dreht die Musik auf und reiht sich in die Schlange ein, die im Schritttempo die Hauptstraße Laugavegur hinunterkriecht. Auf den Parallelstraßen käme man viel schneller voran, und doch fahren alle den Laugavegur hinab, und das meist nicht nur einmal. Laugavegur hinab, Hvervisgata hinauf, dann wieder den Laugavegur hinab. Es handelt sich hier nicht um Fortbewegung, sondern um eine Art des Flanierens in einem Land mit autobegeisterten Menschen und schlechtem Wetter. Langsam sind auch immer mehr Fußgänger unterwegs, trinken, rauchen, lachen, werfen sich Bekannten oder Unbekannten auf die Motorhaube und tauschen sich über das Ziel der bevorstehenden Nachtvergnügung aus oder verbrüdern sich für ein paar Stunden mit alten Spielkameraden aus der Grundschule. Alle stürzten sich in das Nachtleben, diese kollektive Auflehnung gegen den Winter, die Dunkelheit, Langeweile, Pizzabringdienste, Internetdating und Pay-TV.

Das heimische Vorglühen ist dabei nicht die einzige Strategie, um beim Trinken Kosten zu sparen.

Eine andere beliebte Möglichkeit ist das Einschmuggeln von eigenem Schnaps in Kneipen oder Clubs. Allerdings sollte man sich dabei geschickter anstellen als zwei Deutsche, die vor einigen Jahren Gäste des Reykjavíker Literaturfestivals waren. Nachdem sie an den ersten drei Abenden an der Festivalbar den Gegenwert eines kleinen Gebrauchtwagens verzecht hatten, brachten sie sich am vierten Abend eine zollfrei am Flughafen erworbene Literflasche Absolut Wodka mit. Dann bestellten sie bei demselben Barmann, bei dem sie an den vorherigen Abenden einen Wodka-Orange nach dem anderen getrunken hatten, vier Gläser puren Orangensaft und verschwanden in eine dunkle Ecke. Der Barmann folgte ihnen, beschlagnahmte die Flasche, stellte sie in die Bar und mischte ihren Inhalt nunmehr in seine Longdrinks – zum Preis von 16 Euro pro Glas.

Die traditionell hohen Preise für Alkohol sind einer der Hauptgründe für das Trinkverhalten der Isländer. Bei Preisen von sieben Euro pro Bier nur ein oder zwei zu trinken, wäre Geldverschwendung. Erst wenn man sieben oder acht trinkt, fängt es an, sich zu lohnen, oder man vergisst den Preis. So kommt es, dass die Isländer, obwohl sie im Durchschnitt nicht mehr trinken als andere Völker, entweder viel trinken oder gar nichts. Das Glas Wein zum Mittagessen oder das gesellige Feierabendbier gab es in Island lange Jahre nicht. Ich erinnere mich noch gut daran, wie ein isländischer Freund meines Vaters zum ersten Mal nach Hamburg kam und seine Geschäftspartner am Ende eines Arbeitstages vorschlugen, noch ein Bier zu trinken. Der Isländer stellte sich auf ein Besäufnis ein, kam zwei Stunden später ziemlich verwirrt zu uns nach Hause und sagte: »Die haben einfach so zwei Bier getrunken, dann sind sie alle nach Hause gegangen!«

Unter der Woche wird kaum etwas getrunken, am Wochenende dafür umso mehr, und im Urlaub wird eigentlich kaum noch etwas anderes getan. Früher waren die Leute oft schon am Flughafen derart betrunken, dass die Stewardessen statt Gin Tonics nur Tonic ausschenkten und dann mit dem Finger den Rand des Glases mit etwas Gin bestrichen, damit an Bord nicht alles außer Kontrolle geriet.

Das ist heute nicht mehr so, und doch ist das Wochenende die Zeit des großen Trinkens geblieben. Auch dem Sturzbesoffenen wird dabei eine große Toleranz entgegengebracht. Selbst wer auf dem Laugavegur auf allen vieren kotzend nach seinem rechten Schuh sucht, kann sich eines gewissen Restrespekts gewiss sein.

Trunkenheit gilt als normal, auf jeden Fall nicht als abstoßend, stattdessen wird sie teilnahmslos, wohlwollend oder sogar mit einem gewissen Kennerblick betrachtet.

Doch in der isländischen Gesellschaft gibt es nicht nur größere Schonräume für Trunkenheit – auch die Anlässe, an denen kein Alkohol getrunken wird, sind wesentlich deutlicher abgegrenzt. Auf Konfirmationen und Taufen bekommt man bis heute nur selten Alkohol angeboten, und auch Weihnachten trinken viele Familien nichts.

In den letzten Jahren beobachte ich zwischen diesen Extrempolen allerdings immer mehr Ansätze eines gemäßigten Trinkverhaltens: Immer mehr Isländer achten beim Kauf von Wein auf Anbaugebiet oder Rebsorte und nicht mehr nur auf Preis und Alkoholgehalt. Unter jüngeren Isländern ist es auch nicht mehr unüblich, sich unter der Woche auf ein, zwei Biere in einer Kneipe zu treffen. Viel mehr zu trinken ist unter der Woche weiterhin schwierig, denn alle Kneipen müssen um ein Uhr schließen. Wer um diese Zeit noch Alkohol will, sollte rechtzeitig »in den Staat« gegangen sein. Früher gab es noch die Möglichkeit, bei Taxifahrern Selbstgebrannten zu kaufen, doch heutzutage bleibt einem, wenn man nichts mehr zu Hause hat, eigentlich nur die Möglichkeit, ein Hotelzimmer zu mieten und die Minibar zu plündern.

Und selbst die längste Samstagnacht muss irgendwann enden. Für einige tut sie das dort, wo sie Stunden zuvor begonnen hat, an der Würstchenbude »Die Besten der Stadt«. Um sechs schließen die Clubs,

192

um sieben dröhnen orangefarbene Kehrmaschinen durch die Stadt, und um acht Uhr laufen die ersten Touristen durch die von Bierdosen und Glasscherben befreiten Straßen.

Doch das Gute an Reykjavík ist nicht nur, dass es sich so gut zum Feiern eignet – Reykjavík ist eine Stadt, in der man auch wunderbar verkatert sein kann. Es gibt nichts Schöneres als einen Sonntag in den Cafés zu verbringen. Zum Teil sind es dieselben Läden, in denen man nicht viele Stunden zuvor noch gefeiert hat, sodass man sich fragt, warum man nicht gleich im Kolonialhandel *Hemmi og Valdi* oder der *Kaffibarinn* geblieben ist. Wenn ich Freunden Reykjavík zeige, lautet mein häufigster Satz: »Hier kann man übrigens gut Kaffee trinken.« Und man sollte das auch bei jeder Gelegenheit tun: Im schönsten Gebäude Islands, dem Nordischen Haus von Alvar Aalto mit Blick auf Graugänse und Flugzeuge, in dem kleinen Rathauscafé mit Blick auf Enten und Schwäne, im städtischen Museum mit Blick auf den Hafen. Oder in einem der vielen Holzhäuserchen, in denen junge Leute mit Laptops auf alten Sofas sitzen: Im *Babalú*, auf dessen Fensterbank seit Jahren ein leeres Goldfischglas mit immer frischem Wasser und der Aufschrift: »Natascha *R. I. P.*« steht. Oder in der *Icelandic Bar*. Dort bringt die Kellnerin gleich eine ganze Thermoskanne Kaffee und wenig später dünne isländische Pfannkuchen mit Sahne und

Blaubeermarmelade. An den Tagen nach den Reykjavíker Nächten darf alles etwas länger dauern, das Rumsitzen, das Rausgucken. Auf der anderen Seite der Bucht ragt der Berg Esja in die Höhe, dessen zerfurchte Hänge so unregelmäßig mit Moos und Schnee bedeckt sind, dass kleine Kinder in ihm Gesichter erkennen. Und hinter dem Berg beginnt der Rest dieses großen, leeren Landes.

Bereits erschienen:
Gebrauchsanweisung für…

Amerika
von Paul Watzlawick

Amsterdam
von Siggi Weidemann

Argentinien
von Christian Thiele

Barcelona
von Merten Worthmann

Bayern
von Bruno Jonas

Berlin
von Jakob Hein

die Bretagne
von Jochen Schmidt

Brüssel und Flandern
von Siggi Weidemann

Budapest und Ungarn
von Viktor Iro

China
von Kai Strittmatter

Deutschland
von Wolfgang Koydl

Dresden
von Christine von Brühl

Düsseldorf
von Harald Hordych

die Eifel
von Jacques Berndorf

das Elsaß
von Rainer Stephan

England
von Heinz Ohff

Finnland
von Roman Schatz

Frankfurt am Main
von Constanze Kleis

Frankreich
von Johannes Willms

Freiburg und
den Schwarzwald
von Jens Schäfer

den Gardasee
von Rainer Stephan

Genua und
die Italienische Riviera
von Dorette Deutsch

Griechenland
von Martin Pristl

01/0004/05/L

Hamburg
von Stefan Beuse

Indien
von Ilija Trojanow

Irland
von Ralf Sotscheck

Istanbul
von Kai Strittmatter

Italien
von Henning Klüver

Japan
von Andreas Neuenkirchen

Kalifornien
von Heinrich Wefing

Katalonien
von Michael Ebmeyer

Kathmandu und Nepal
von Christian Kracht
und Eckhart Nickel

Köln
von Reinhold Neven Du Mont

Leipzig
von Bernd-Lutz Lange

London
von Ronald Reng

Mallorca
von Wolfram Bickerich

Mecklenburg-
Vorpommern und die
Ostseebäder
von Ariane Grundies

Moskau
von Matthias Schepp

München
von Thomas Grasberger

das Münchner
Oktoberfest
von Bruno Jonas

Neapel und die
Amalfi-Küste
von Maria Carmen Morese

New York
von Verena Lueken

Niederbayern
von Teja Fiedler

Nizza und
die Côte d'Azur
von Jens Rosteck

Norwegen
von Ebba D. Drolshagen

Österreich
von Heinrich Steinfest

Paris
von Edmund White

Peking und Shanghai
von Adrian Geiges

Polen
von Radek Knapp

Portugal
von Eckhart Nickel

Rom
von Birgit Schönau

das Ruhrgebiet
von Peter Erik Hillenbach

Salzburg und
das Salzburger Land
von Adrian Seidelbast

Schottland
von Heinz Ohff

Schwaben
von Anton Hunger

Schweden
von Antje Rávic Strubel

die Schweiz
von Thomas Küng

Sizilien
von Constanze Neumann

Spanien
von Paul Ingendaay

Südafrika
von Elke Naters und Sven Lager

Südfrankreich
von Birgit Vanderbeke

Südtirol
von Reinhold Messner

Sylt
von Silke von Bremen

Tibet
von Uli Franz

die Toskana
von Barbara Bronnen

Tschechien und Prag
von Jiří Gruša

die Türkei
von Iris Alanyali

Umbrien
von Patricia Clough

die USA
von Adriano Sack

den Vatikan
von Rainer Stephan

Venedig mit Palladio und
den Brenta-Villen
von Dorette Deutsch

Wien
von Monika Czernin

PIPER

Antje Rávic Strubel
Gebrauchsanweisung für Schweden

240 Seiten. Gebunden

Eine alte Villa in Värmland, inmitten der Wälder, unweit von
Selma Lagerlöfs Wohnhaus: Antje Rávic Strubel spürt
ihrer Sehnsucht nach – und begegnet dabei Pippi Lang-
strumpf, Männern mit Kinderwagen und fast keiner
Mücke. Sie verrät, warum man Holzhäuser knallrot an-
streicht; wie Wintersport zum Volksfest wurde; und womit
Köttbullar und Safrankuchen am besten schmecken. Weshalb
es in Schweden kaum Ikea-, aber so viele Antikmärkte und
Designer gibt. Dass schon die Nationalhymne von der Liebe
zur Natur erzählt. Warum der Wodkagürtel so locker sitzt
und der Polarkreis gleichzeitig in zwei Richtungen wandert.
Was Gotland zum Paradies für Individualreisende macht.
Wie es um die supersoziale Marktwirtschaft bestellt ist. Und
was Sie tun sollten, wenn Sie beim Himbeerpflücken von
einem Elch überrascht werden.

01/1804/01/R

PIPER

Ebba D. Drolshagen
Gebrauchsanweisung für Norwegen

208 Seiten. Gebunden

Norwegen hat Fjorde, Berge und Mette-Marit, es hat betrunkene Elche und verschleierte Bauernmädchen. Das Land ist lang, kalt, im Sommer zu hell und im Winter zu dunkel. Und es ist der Liebling der Energiegötter, die ihm Wasser, Öl und Gas geschenkt haben. Die Autorin berichtet aus dem protestantischen Emirat am Golfstrom, wo ein Bier sieben Euro kostet und der Ministerpräsident zu Staatsterminen in seiner heimatlichen Tracht erscheint. Wo qualifizierte Gastarbeiter willkommen sind. Wo die Regierung Kindergartenplätze für alle und die Gleichberechtigung der Frau vorschreibt. Wo die Zahl der Toten in der Literatur überdurchschnittlich hoch ist und Krimis hauptsächlich an Ostern gekauft werden. Sie erzählt von den Menschen im Reich der roten Holzhäuschen, der Trolle und Elfen, in dem der Nationalfeiertag vor allem eins ist: ein Fest der Kinder.

01/1711/01/R

PIPER

Roman Schatz
Gebrauchsanweisung für Finnland

224 Seiten. Gebunden

»Wenn Schnaps, Teer und Sauna nicht helfen, dann ist die Krankheit tödlich«, so ein finnisches Sprichwort. Die Sauna ist Finnlands bekanntestes Exportgut – gefolgt von Nokia-Handys und den Leningrad Cowboys. Finnland ist vor allem eins: intakte Natur; ein Paradies für Kanuten, Langläufer, Fliegenfischer und Hundeschlittenfahrer. Der Deutsche Roman Schatz, in Finnland ein Star, erklärt uns ein Land, das zu siebzig Prozent aus Wald besteht und dessen Bildungssystem Weltspitze ist. Ein Volk, das als wortkarg, skurril und dauermelancholisch gilt. Eine Sprache, die neben »Honigpfote« noch elf Wörter für »Bär« kennt, aber keins für »bitte«. Und eine Kultur, deren erste eigene Filmproduktion »Die Schwarzbrenner« hieß.

01/1872/01/R

PIPER

Stefan Beuse
*Gebrauchsanweisung
für Hamburg*

224 Seiten. Gebunden

Wer mit dem Auto nach Hamburg will und es nicht besser
weiß, fährt durch den Elbtunnel. Und zwar ganz langsam.
Weil's so schön ist ...
Am Ende des Tunnels jedenfalls, wartet eine ganz neue Welt
auf den Besucher. Eine Welt aus Wasser, Wind und
Barbourjacken, aus rotem Backstein und prunkvollen
Villen, aus Business-Tempeln und dem Geruch von Teer und
Fisch. Nach dem Elbtunnel sollten Sie sich anschnallen:
Vergessen Sie alles, was Sie je über Seefahrerromantik
gehört haben. Über die Reeperbahn nachts um halb eins.
Über die Beatles im Starclub. Über blaue Jungs und
Hamburger Deerns. Hamburg ist anders. Ganz anders. Und
Stefan Beuse weiß warum. Er wird Ihnen erklären, warum
es so schwer ist, den Aal in der berühmten Aalsuppe zu fin-
den, warum der Hamburger im Grunde seines Herzens
schon immer ein Brite gewesen ist und warum man sich die
schöne »Strandperle« nicht um den Hals hängen kann.

01/1011/03/R